労働環境の不協和音を生きる

労働と生活のジェンダー分析

堀川祐里 編著

晃洋書房

はしがき

日本には、〈過労死〉と呼ばれる問題があり、世界でもKaroshiとして通じる言葉であるというのは、今や周知の事実である。本来、生きるために労働しているはずなのに、労働のために死ぬ、という現象が日本にはあるのである。二〇二四年に刊行された『女性労働研究』第六八号では、「女性の過労死を見えなくさせているもの」がテーマとなっており、未だに日本が我国特有の過労死の問題を克服できていないことが確認された（石井 二〇二四：二六）。本書は、日本の現代社会において、生きていくことが軽視されているという問題点に、改めて切り込んでいきたい。

二〇二〇年の春から世界が経験したコロナ禍においては、労働と生活についての様々な問題が浮き彫りになった。その中でも女性たちの労働環境については、もともと生活の問題と深く結びつく性質を持っていたがゆえに、特にその問題点が顕著に浮かび上がることとなった。学校の全国一斉臨時休業により子どもたちがステイホームするために、母親である女性たちが適切な労働環境を保てず育児との両立の課題を一手に引き受けなければならなくなった問題が、その皮切りであった。その後、夫婦どちらもが在宅勤務になることによって生じる家事分担の偏りの問題などに発展し、子どもをもつ女性たちの労働環境の課題が、頻繁に報道されるようになった。

また、雇用調整のために非正規雇用の労働者には大きな影響があったが、相対的に非正規雇用には女性労働者が多くを占め、また、コロナ禍で影響を受けた産業は基本的に女性が多くを占めていたため（竹信 二〇二一：二六）、コロナ禍の雇用調整は女性労働者に多大なる影響を及ぼした。家事・育児との両立の前に、労働そのものを存続できるかという、未曾有の事態が女性たちを襲っていたのである。

さらに、女性は保育士や介護士などのケア労働や、看護師などの仕事でも相対的に多くを占めるが、新型コロナウイルスという感染症との闘いの中で、物理的に人体と接する仕事に従事する人々には、いわれなき偏見の問題もあった。感染症との闘いの前で、自身の健康自体を危険にさらし、さらにその労働に対する偏見までを背負わされたことは、労働者にとっては悲痛な経験であったと言える。

そのうえで、生殖についても大きな困難があり、コロナ禍での妊娠・出産は女性にとって大きな不安を生じさせるものであったと考えられ、厚生労働省では、妊娠中の女性労働者の母性健康管理を適切に図ることができるよう、「新型コロナウイルス感染症に関する母性健康管理措置」を設けた。この措置により、休業が必要とされた妊娠中の女性労働者のために、有給の休暇制度を設けて取得させる事業主を支援する助成制度も設けられたが、その成果はまだ明らかではない(1)。

コロナ禍で浮かび上がった以上のような女性の労働環境を取り巻く問題は、コロナ禍に突然始まったわけではなく、これまで日本の中に根深く、同時に不可視化されてきた問題であり、それが顕在化したものである。竹信三恵子は「働き手の生存権をだれが保障するのか」という日本社会が向き合うことを避けてきた課題がコロナ禍で顕在化したことを指摘した（竹信 二〇二一：二七）。

コロナ禍という未曾有の事態は「労働環境の不協和音」を響かせた。本書で明らかにする「労働環境の不協和音」を四つに分類しておくと、第一は、生活領域が極限までそぎ落とされた労働領域の実態である。序章で論じるが、労働と生活というキーワードは社会政策を説明するときにその領域を表す言葉である。本書の特に第一章から第四章にかけて描いたのは、社会保障や社会福祉はもとより、身体の健康や安全を限界まで犠牲にして成り立つ労働者の生活である。

第二に、妊娠・出産・子育て・介護が加わると、労働も生活も立ち行かないという、日本の政策設計である。コロナ禍は人々の日常生活における労働がクローズアップされ、多くの人々がこの政策設計の欠点を経験することとなった。こうした実態を示したのが、第五章である。また、その子育てや介護にかかわる労働について考察したのが第六章である。そのうえで、社会福祉の制度上、子どもを育てることを職業とする人々自身の日常生活における問題点を論じたのが第七章である。

第三に、女性に偏ったケア労働である。第三章や第四章で示すように、社会政策は、その萌芽期から、肉体的に極限状態まで働く男性を想定してきた。そのうえで、そのケアを担うのは女性であると考えられてきたことを第一章、第五章、第六章、第七章が明らかにする。

第四に、従来の社会政策が射程に収められていなかった働き方をする人々である。コロナ禍に最も影響を受けたのはその人々であると言える。第八章で描かれるような日本の社会保障による生存権保障が手薄い人々が真っ先に未曾有の事態の影響を受けるのである。

本書を編む我々は、コロナ禍で改めて認識された労働者が生きることにまつわる課題について考えたい。その際に意識したのは、ジェンダー分析という方法の捉え方である。社会政策のジェンダー分析を共著で試みた先行研究には『社会政策のなかのジェンダー』（明石書店、二〇一〇年）がある。ここでも、「女性、そして男性による」人間としての営みと社会政策との関係を分析している。ジェンダー分析という言葉は、本来的には男性性も含んで、性を相対化させる概念である。しかし、その学問的な由来から、女性を対象とした研究を意味しがちだった。現代社会では性的マイノリティにも視野を広げ、労働と生活に脆弱性をもつ人々も射程に収めながら、複数の属性や要因が交差する中での問題に着目し、ジェンダー、セクシュアリティを包括的に分析してこそジェンダー分析と言える。本書は、先述のようにコロナ禍によって浮かび上がった労働問題について論じようとすることにより、女性に重きをおくことにはなるものの、ジェンダー視点でみたときの男性や、性的マイノリティに言及する。こうした工夫によって、本書がジェンダー分析の可能性を考える一助になればと願う。

社会政策が包含する課題は、日本社会で生きている人々にとって切り離すことはできない。それにもかかわらず、日本では例えば第三章で論じる労働組合運動のように、その根幹をなす事象に対する関心は薄い。そこで、本書を編むにあたり、社会学、文学、社会福祉学、歴史学、経済学といった多様な専門を持つ研究者が集まった。社会政策に多角的なアプローチから迫ることにより、読者により身近に社会政策の課題に接してもらえるだろう。

最後に、我々執筆者は、本書を労働者としての道を歩み始めようとしている若者たちに手に取ってほしいと考えている。そのため、初学者にも読みやすく理解しやすいように、章末注の数をできる限り抑えながらも、専門用語については適宜説明を加えている。また、各章の初めには、読者へのメッセージを添えた。

コロナ禍という直近の社会状況だけではなく、日本社会の歴史を長期的スパンから扱う本書が、若者たちが〈生きるために働く〉ことを改めて考えるきっかけになったらと願う。本書が社会政策をジェンダー視点から理解して再構築する一助となり、若者たちが「労働環境の不協和音」を生き抜く糧になれば幸いである。

堀川祐里

〈注〉

（1）厚生労働省「職場における妊娠中の女性労働者等への配慮について」https://www.mhlw.go.jp/stf/newpage_11067.html（二〇二二年九月一〇日閲覧）。

〈文献〉

石井まこと（二〇二四）「女性の労災・職業病を見えなくさせているものは何か」女性労働問題研究会『女性労働研究 女性の過労死を見えなくさせているもの――一人ひとりの命と暮らしをつなぐ』（六八）、すいれん舎。

木本喜美子・大森真紀・室住眞麻子編著（二〇一〇）『講座 現代の社会政策 第四巻 社会政策のなかのジェンダー』明石書店。

竹信三恵子（二〇二二）「女性を置き去りにした〈働き方改革〉とコロナ禍対策」女性労働問題研究会『女性労働研究 コロナ禍と日韓女性労働者――女性労働運動のニューウェーブ』（六六）、すいれん舎。

目次

序章

「社会政策とはなにか」という問いの難しさ

――〈生きるために働く〉労働者の生活を科学する

本書で初めて社会政策に触れる人に、本書が論じようとしている課題を説明したい。もし少しでも関心を持ったら、是非、社会政策の専門書をさらに読み進めてもらいたい、という前提で、ここでは、やや大味になるが社会政策を説明しよう。

社会政策は、明治時代、日本が資本制国家になるためにドイツからその学問を輸入し、日本で最初に学ばれた経済学である。今でこそ、社会政策は多様な経済学の中の一つ、という位置づけである。しかし、それは日本の産業革命期においては、学会の大会に官僚が参加し、他の学会の模範とされたような（矢島 一九九二：一〇―一一）、日本がこれから資本主義を打ち立てるために学ばれた日本で最も歴史を持つ経済学である。

社会政策の初学者の教科書として広く用いられている『よくわかる社会政策〔第三版〕――雇用と社会保障』において石畑良太郎は、社会政策は「資本制国家における労働分野と生活分野に生起する構造的な経済的・社会的諸課題に対応し、かつ処理するための国家による体制維持を目指す政策」であると示している（石畑・牧野・伍賀編 二〇二一：二）。社会政策の包括する領域を説明するときには、「労働と生活」というキーワードが用いられる。社会政策の研究者が論じる際には、労働分野とは賃金、労働時間、失業、労使関係等の雇用にかかわる分野を指し、生活分野とは主に社会保障・社会福祉の分野を指している。労働分野と生活分野は社会政策の両輪であり、お互いに関係を及ぼしあうものである。

社会政策を初めて学ぶ人のために非常に大まかに歴史をたどれば、日本における社会政策は、恩恵的な社会政策から始まった。それは、ドイツの社会政策を手本としたからである。簡単に述べれば、社会政策は産業革命が起きて、その国が資本主義になることで生まれる。そのため、世界における社会政策のフロントランナーは、イギリスである。そのイギリスを追いかけた当時の後進国であるドイツが、さらに後ろから追いかける日本にとって手本となった（矢島 一九九三：一九）。

イギリスの社会政策は、資本家階級と労働者階級の階級闘争の直接的な産物として具体化された（矢島 一九九三：一九）。一方で、ドイツの社会政策は穏健な労働者にはアメとして社会保険を、激しい労働運動を行う労働者にはそれを弾圧するムチを、という「道義論」と称される恩恵的な社会政策であり、資本制社会を内在的に分析する視点に乏しい経済外的視点に立つ社会政策であった（石畑・牧野編 二〇一一：二二―二三）。このようなドイツを手本としたので、日本も恩恵的な道義的社会政策を行った。

しかし、戦時期に至り、社会政策は戦争に対応せざるを得なくなる。そこで、大河内一男は生産力説と呼ばれる理論を打ち立てた。それは、労働者の保護は恩恵ではなく労働力の保全のためである、という考え方に改めるものであり、資本制社会の経済的な営為を内在的に捉えようとするものであった（石畑・牧野編 二〇一一：二二―二三）。それは日本の戦時中に見られた、労働者と使用者の対抗関係を否定し、労働組合運動をやめさせ労働者の権利を極めて弱くしてしまう状況にとって、労働者の保護を行うために重要な理論だった。

しかしながら、第二次世界大戦が終わっても、労働者と使用者の対抗関係を顧みない生産力説は、服部英太郎や岸本英太郎ら他の研究者にとっては、資本制社会における生産関係（人間の生産活動の過程における人間同士の社会的関係）における階級闘争の意義を軽視したものと捉えられた。そこで巻き起こったのが社会政策本質論争であり、著名な学者たちの間で社会政策とはなにかについて議論されたのである（石畑・牧野編 二〇一一：二四）。しかし、その論争は結論が出ないまま終了した。よって、社会政策学会において社会政策とはなにかという定義は未だに明確にはなっていない。実のところ、「社会政策とはなにか」という問いに答えるのは非常に難しいのが現状である。

武川正吾（一九八五：一―四二）は、それまでの社会政策学会の歩みを振り返ったうえで、「社会政策の過剰と社会政策論の過少」が嘆かれる状況であると論じ、日本の学会状況の停滞を指摘した。社会政策本質論争以降、隅谷三喜男や氏原正治郎による「社会政策学から労働問題研究へ」という問題提起により、社会政策が労働政策のみを指すようになった。武川は社会政策の概念が「固すぎる」ために現代の問題を語るには不適切で障害となっていることを論じ、現実の社会政策はいまや労働政策を超えただけではなく社会保障の枠組みをも超えていることを指摘したのである。そのうえで、「社会政策概念の拡張」を主張した。それは社会保障や、諸社会サービスをも社会政策として統一的に把握することが可能になるものであった。

米澤旦が指摘しているように、その後の数十年間、社会政策学会では、労働分野と、社会保障や社会福祉を指す生活分野は切り離されて調査研究が発展した。そのことは、それぞれの分野の様々な調査研究の深化を促した（米澤 二〇二二：五）。しかし、同時に、〈生きるために働く〉という資本主義社会における社会政策の根本の議論からは少しずつ遠ざかってきたようにも思われる。塩田咲子（二〇〇〇：ｖ）は、社会政策研究において取り扱う問題が、女子労働問題からジェンダー問題へと転換していくにあたり、平等の経済基盤を確保する社会政策を検討するためには、「雇用における平等と社会保障における平等という二つの政策領域を統一的・体系的にみる必要」があることを指摘している。しかしながら、塩田のように二つの領域について統一的に分析を進めた研究者はこれまで決して多くはなかった。

米澤は、労働分野と生活分野が切り離されて進展してきた社会政策研究において、近年、両者を積極的に結び付ける意義が見直されていることを論じた。特に福祉社会学の深化のために、両者を結びつけることがいかなる局面で重要になるか、ということに焦点を当てている（米澤 二〇二二：八―一三）。これまで労働分野と生活分野に分かれることで、深化してきた社会政策の議論を改めて統一して、労働分野と生活分野を切り結ぶ、という試みが見直されつつある。しかしながら、現代において既に膨大にふくらんだ〈生きるために働く〉という社会政策の根本に迫ることは今や非常に難題である。そこで、本書では、ジェンダーの視点から、さらには歴史縦断的に、領域横断的にこの課題にアプローチしていきたい。

以降、序章において本書全体の構成を捉える際には、社会政策で従来使用されてきたとおり社会保障などを指す言葉として「生活」を用いる。しかし、本書を通しては生活という用語はあえて一般的に使われる日常生活を指す生活として用いていく。それは、本書がコロナ禍から生じた問題意識によって編まれているからである。生活という概念を実態から捉え直して再構築していく試みとして、本書で用いる生活は原則として日常生活のことを指す。

このような日常生活という意味合いでの生活について分析した研究として、藤原千沙（二〇一七）

の提起した「生活できる賃金」という考え方は重要な意味を持つ。生活できる賃金と生活時間という議論に切り込み、労働と生活を改めて結びなおすものであった。また、中澤秀一（二〇一八）が論じた「ふつうの暮らし」という言葉の持つ意義は大きい。日本の中で、「ふつうの暮らし」をするために必要な賃金について分析する、最低生計費調査の論考であるが、「ふつうの暮らし」には労働時間と賃金の両面から迫らねばならないことを示している。

本書の論点の明確化のために、改めて社会政策とはどのような領域を包含しているのか整理しておきたい。社会政策を初めて学ぶ人のために簡単に述べれば、資本主義社会の一つの特徴は労働力の商品化が行われることである。資本主義社会の生活原則は自助原則であり、つまり人間は自己責任の原則の下で生活している。労働者として生きている人々は、「生産手段からの自由」という状態にある。これは、生計を立てるためのお金を稼ぐための生産手段を自分では持たない、という意味であり、労働者は資本家（使用者）に雇用されることによって、はじめてお金を稼ぐことができる。この時、労働者が売る商品が労働力である（工藤 二〇〇三：二二一―二二三）。

労働力という商品は特殊な商品であり、それは人間の人体と切り離すことのできないものであり、日々消耗される。その労働力を、十分な栄養や休息によって日々回復させ、次の日もまた労働できるようにしなければならない（矢島 一九九三：一）。このサイクルを労働力の再生産と呼ぶ。労働力の再生産のためには、使用者から支払われる賃金が生活するのに十分であること、健康を害さないような労働時間であること、大前提として失業しないこと等が必要である。ただし、そのような労働力の再生産のための条件は、しばしば脅かされることがあった。そして、労働者本人の労働力の再生産が十分に行われないことの延長線上に、子どもを育てることができないという世代間の再生産をも十分に行えないという事態が待っていた（堀内 一九九九：二三―二四）。

そのため、資本主義の長い歴史の中で、労働者はこうした日常生活の不安を解決するために、やむを得ず使用者に対して抗わなければならなかった。団結して労働運動を行い、使用者に対抗してきたのである。よって、一八〇〇年代ドイツにおいては、この階級対立を緩和させるための国家の政策が社会政策だと考えられた（矢島 一九九三：二）。

さて、先に述べた自助原則が貫かれるためには、国家によって物的条件が整えられる必要がある。それが、労働力を継続的に販売できることである雇用保障と、賃金保障である。労働者が労働力を販売する先、つまり雇用が保障されなければならないし、併せてその販売価格である賃金は、労働力の再生産が行える水準に保たれなければならない。この物的条件が整えられなければ労働力の再生産はなされず、労働者は貧困に陥る。つまり、資本主義社会の生活原則は自己責任であったとしても、貧困に陥ることは自己責任ではない。よって、資本主義社会では、国家は国民の生存権を保障しなければいけないのであり、この仕組みが社会保障である。社会保障は資本主義社会において自助原則を修正するものなのである（工藤 二〇〇三：二五―二六、一三三）。

このように、社会政策では労働問題の対策と生活分野としての社会保障が両輪となるのであるが、本書では以上に述べた社会政策を説明するための切り口に即して、労働者が〈生きるために働く〉ことについて考察していく。冒頭にも説明したように、女性たちの労働環境は、もともと生活の問題と深く結びつく性質を持っている。それは、性別役割分業によって、女性は家事や育児を主に担当するものである、というジェンダーが日本社会には根付いているからである。ジェンダー視点から女性の経験に着目することで、生活する、という観点から生じる社会政策上の課題はより鮮明に見えてくる。

そして、セクシュアリティの観点からも、妊娠・出産の経験は、世代間の再生産の前提となる、労働力の再生産、特に健康の問題に深く言及することができると言える。

さて、社会政策の切り口に即して、まず、第一章と第二章で論じるのは、労働力の再生産に関する課題である。

第一章は、日本のポピュラー・カルチャー、特に少女・女性マンガに描かれる働く三〇代の女性の表象を分析する。なぜ『ナギサさん』は、等身大の物語として読者の共感を得るのかについて、共感を集める構造と、共感を下支えする一見すると性別役割分業を解体するかのような物語が支える構造を検討する。労働力の再生産のための労働である家事だが、これを担当する男性に「母」や「妻」の記号を重ねることは性別役割分業自体を批判しない耳あたりのよい物語であり、それは労働問題を不可視化することを訴える。現実の人々の理想を反映しているという意味で、読者の共感を得る表象に現れる現象は社会に生きる人々の潜在意識を表現している可能性がある。本書の入り口として、二〇一〇年代以降の漫画から労働と生活の不協和音に関する人々の意識について考える。

また、第二章では、労働基準法第六八条のいわゆる「生理休暇」について論じていこう。労働者が明日も働けるということの前提には健康を保つことがある。生理休暇の取り扱いについての議論を照射することは、決して月経という身体の特徴を持つ人だけの利益に光を当てようとしているものではない。ジェンダー平等は、男性vs女性の闘いなのではなく、労働者が使用者に対して労働力の再生産のために要求していくものなのである。生理休暇が、性別にかかわらず労働者の健康を守るための措置へと改められていく可能性について論じたい。

個々の資本家が生産力を追い求めると、自ずと労働者は食いつぶされて身体は壊される。それを自力で回避できる人間だけが労働者として生き残れる。そのような頑強な身体を持つ、従来〈男並み〉と考えられてきた働き方の極限が、女性の港湾労働者であったと言える。第三章では、終戦後から一九七〇年代までの時期における女性の日雇港湾労働者の労働災害について論じる。仕事中にケガをするようでは一人前とは言えないという職業意識が、男性職場で男性並みに働く女性たちにも浸透していた。彼女たちは労災をどのように防止したのか。労働力の再生産のために十分な労働環境を求めても、それが脅かされる場合、労働者は使用者に抵抗するために労働組合運動を行うが、日雇い労働という雇用環境の女性労働者たちが、いかに労働災害を防止したのかを見ていこう。

労働者自身が使用者に対して抵抗しても労働問題が解決されなかった場合、いよいよ国家による社会政策が必要になる。第四章では、労働者災害補償制度が整備される前の戦間期に、工場で負傷や疾病に見舞われ、場合によっては障害を抱えることになった工場労働者の存在形態について論じる。法整備がなされる前、被災者はどのように生活していたのか、そこにジェンダーはどのように影響したのかについて見ていこう。戦時期という自助原則がむき出しになった時期に、頑強な身体をもつ「男」ではなくなった男性たちをどのように処遇するかが問われた。身体を負傷した男性をどう扱うかは、まさに政策が労働と生活を切り結ぶ様子を目の当たりにさせるものである。トキシック・マスキュリニティつまり男性の生きづらさを照射する章となる。

先に述べたように、労働者本人の労働力の再生産が不十分になれば、子どもを育てていくという世代間の再生産も難しくなっていく。そこで必要になるのは世代間の再生産をも可能にする政策である。第五章では、観光産業、とりわけ宿泊業のなかでも小規模経営で職住が不分離という特徴を持つ簡易宿所（民宿・ゲストハウス）に従事する子育て期の女性の労働と家族生活を対象に、多岐にわたる労働をどのように担っているのかを明らかにする。資本主義社会に社会政策が生じた出発点では、政策の対象は雇用される労働者を前提としてきた。そのために見えづらくなっていた個人事業主の妻に焦点を当てる。「働く」ことのあり方が多様化する現在において、個人事業主の妻といえども、雇用する一般労働者に近い働き方をし、一般労働者と同様な労働生活上の困難を抱える者がいる。一方で、従来の制度上、労働力の再生産の保障は十分でなく、世代間の再生産が危ぶまれている場合があるのである。

さらに第六章では、保育士や介護士などのケア労働が、なぜ日本では軽視されているのかについて論じていこう。日本において出産後も継続的に働き続ける慣行を築いてきた女性教員を対象に置き、女性教員の出産後の育児と仕事の両立過程に着目して考察していく。ここまでに論じてきた通り、労働者が明日もまた賃金を稼ぐための労働を行うには、労働力の再生産のための労働が不可欠である。しかし、家庭内においても、またそれを専門的に行うケア労働においても、それらの価値は低く見積もられてきた。そして、その仕事の多くを女性が担ってきた。このことに改めて焦点を当てる。

さて、〈生きるために働く〉労働者たちの生活原則である自助原則を修正するためには、先述したように、社会政策のもう一つの車輪である社会保障・社会福祉が必要とされる。ただし、この社会保障・社会福祉に携わる労働者にもまた労働力の再生産の課題があることには、あまり注目されてこなかった。そこで、第七章では「子ども家庭福祉」分野、とりわけ、二四時間勤務体制をとる必要がある社会的養護の施設に焦点化して、職員の労働と生活に注目する。社会的養護施設職員の労働と生活においては、長時間労働や個人的達成感の低下が課題として認められるが、このような過酷な労働環境がもたらすバーンアウトを避けることはできないのか。社会的養護施設の施設長の実践に焦点を当て、〝ふたつの生活〟を守る、すなわち、施設で暮らす子どもたちが安心でき、かつ働く職員の労働環境を守るために必要な施設長の実践を社会政策との関連から考察しよう。

「はしがき」でも論じた通り、従来ジェンダー分析は、女性を対象とした研究を意味しがちだったが、本書では、第四章で論じるように男性性について分析すると同時に、性的マイノリティももちろん含んで性を相対化させる。性の多様性という現代の新しい課題を射程に入れよう。第八章では、グローバル化する東京・新宿二丁目に着目し、外国籍の人々を含む働き手の経験に焦点を当てる。音楽を通じた仕事を通してどのような新しい文化を創生しているのか、文化の担い手としてのＤＪ二名の生活史をとおし、クィアネスでつながる音楽実践をテーマとする。とりわけ、働くようになった経緯や、店や地域への主体的な関わりに着目し、街の潜在的・健在的な強みを明らかにし、そこから見える日本社会を逆照射するとともに、課題も明らかにしよう。

本書は以上のように、社会政策が包含する問題をジェンダー視点から論じていくが、歴史的にみると、第一章は現代を、第二章は一九七〇年代から一九八〇年代を、第三章は終戦から一九七〇年代までを、第四章は戦間期をというように、少しずつ時代をさかのぼるように構成した。それは、若い読者のみなさんにとって、近現代史は大学受験対策でも飛ばされがちで、理解が難しいと予想したからである。そのため、現代から、少しずつ時代をさかのぼっていくことにした。さらに、第五章以降は現代の労働環境へとまた戻していき、本書を編んだコロナ禍の調査を含めた現在の日本の労働環境に焦点を当てている。このように戦間期から現在に至る長い期間の日本を見ても、ジェンダー視点で観察した時には、労働者を取り巻く環境があまり変化していないことにも気がついていただけるだろう。

本章の初めに説明した通り、社会政策とはなにか、に未だ結論は出ていない。ただし、社会問題ならなんでも社会政策だというわけではない。では、何をもって社会政策なのか、それを今一度理論化しなければいけない時期に至っている。矢島悦太郎は、社会政策の必然的発展過程の究明から離れて、労働者の地位改善のための有効な政策を樹立することは不可能であるとし、必然の追求こそ「科学」であるとした。必然性の究明から離れて政策を求めても、それは「皮相なる戦略戦」に終わってしまう（矢島 一九九三：七七）。本書は歴史を縦断し、さらには多様なディシプリンを持つ研究者が共同研究を行ったことによって、領域をも横断する。我々は、社会政策の理論化に至る壮大な研究の最初の手がかりとして、本書の読者とともに、社会政策とはなにかを考えたい。

〈文献〉


石畑良太郎・牧野富夫編著（二〇一一）『よくわかる社会政策』ミネルヴァ書房。

石畑良太郎・牧野富夫・伍賀一道編著（二〇二一）『よくわかる社会政策〔第三版〕――雇用と社会保障』ミネルヴァ書房。

工藤恒夫（二〇〇三）『資本制社会保障の一般理論』新日本出版社。

塩田咲子（二〇〇〇）『日本の社会政策とジェンダー――男女平等の経済基盤』日本評論社。

武川正吾（一九八五）「労働経済から社会政策へ――社会政策論の再生のために」社会保障研究所編『福祉政策の基本問題』東京大学出版会。

中澤秀一（二〇一八）「『ふつうの暮らし』がわかる――生計費調査と最低賃金」後藤道夫・中澤秀一・木下武男・今野晴貴・福祉国家構想研究会編『最低賃金一五〇〇円がつくる仕事と暮らし「雇用崩壊」を乗り超える』大月書店。

藤原千沙（二〇一七）「生活できる賃金をめぐる研究史――労働時間と社会保障の視点から」『社会政策』ミネルヴァ

書房、九（二）：二三―三五。

堀内隆治（一九九九）「資本主義経済下の賃労働と社会政策」西村豁通・荒又重雄編『新社会政策を学ぶ〔第二版〕』有斐閣。

矢島悦太郎（一九九三）『社会政策』中央大学通信教育部（非売品）。

米澤旦（二〇二一）「労働と福祉を結びなおす――再分配と市場交換の交差」上村泰裕・金成垣・米澤旦編『福祉社会学のフロンティア：福祉国家・社会政策・ケアをめぐる想像力』ミネルヴァ書房。


（堀川祐里）

第一章

バリキャリ女子の欠点？
――『家政夫のナギサさん』にみる労働力の再生産とフェミニズムの脱政治化

少女マンガやテレビドラマに描かれる仕事に家事に格闘する女性を見て「わたしも頑張ろう」と思ったり、そうした女性が家事をしてくれる男性とカップルになる様子が「新しい」と言われたりします。確かに、女性が仕事よりも家事を優先するという価値観から変わったかんじはするけれど、誰か家事をやってくれる人を捕まえなくては、仕事と生活が両立しないなんておかしくはないでしょうか。本章では、家事ができないキャリア志向の女性の表象から、女性の労働と生活に関する「新しい」物語について考えてみましょう。

第一節　家事ができないバリキャリ女子×家事得意王子

家事は、働き続けるために、すなわち労働力を再生産するために欠かすことのできない営みであるが、少女マンガやテレビドラマなどポピュラー・カルチャーの中でキャリアを志す若い女性が描かれるとき、二〇二〇年代に入ってもなおしばしば仕事はできるが家事のできない欠点ある存在として描かれる。テレビドラマの公式ホームページでバリバリ働くキャリアウーマンと説明される女性を主人公とする二〇二〇年のドラマ『私の家政夫ナギサさん』及びその原作マンガの四ツ原フリコの『家政夫のナギサさん』(二〇一六〜二〇二〇年)(1)(以下、両作品を併せて『ナギサさん』と表記)は、主人公が仕事を頑張る一方で家事をできない様子が共感を得ると同時に、家事は女性がやるものという固定観念を解体すると好意的に評価されている。確かに、大手製薬会社の医療情報担当者(MR)で、若くしてチーム・リーダーに選ばれるくらいには出世する一方で、家事は全くできない主人公相原メイと家事代行サービスを行う「家政夫」の中年男性鴫野ナギサの組み合わせは、家事に関するジェンダー役割を解体しようとするものに見える。

しかし、メイが家事をできない様子が作品の根幹を構成するとき、別の姿が見えるように思われる。少女マンガはその基礎を、「私だけじゃないんだ!」という作者と読者と他の読者との間の「何かが共有された感覚」がもたらす安心や喜びや解放感といった「共感」に置く(藤本 二〇〇八:八—九)。特に二〇代から三〇代の女性を主なターゲット層とするジャンルであるヤング・レディースのマンガにおいてその「共感」には、「読者の現実と重なりあう、あるいは読者の実生活に還元できる」リアルな共感と、「読者の現実と切り離されているからこそ安心して耽溺できるような」フィクショナルな共感があると指摘される(岡本 二〇一五:一四三)。『ナギサさん』に寄せられる「共感」は、「等身大」や「リアル」という言葉が接続されることから(大沢 二〇二〇a:碓井 二〇二〇:島崎 二〇二〇)、前者の読者の実生活と重なるようなリアルな共感であるように思われる。しかし、翻って社会に目を向ければ、働く女性の約四割を占める非正規雇用の女性の収入では、ナギサを雇うメイのような生活はとうてい困難だ。なぜ、『ナギサさん』は、等身大の物語として共感を得るのだろうか。本章では、『ナギサさん』が共感を集める構造と、共感を下支えする一見すると再生産労働に関するジェンダー規範を解体するかのような物語が支える体制を検討する。

第二節　〈完璧であること―欠点もあること―レジリエンス〉

メイは、大卒で、二〇代後半で横浜に広い一ＬＤＫのマンションを持ち、何でもお金で解決しようとする、大手製薬会社で入社以来三年間営業成績一位の女性である。特にドラマでは、大手同業他社の仕事ができて性格もルックスも完璧な王子様的存在の田所優太や、営業先のイケメン医師の肥後菊之助から好意を寄せられ、番組 Instagram が毎話メイのファッションの解説をするように、センスのよい様々なバリエーションの洋服を着て、ヘアスタイルもメイクも整っている。では、なぜこうした「ハイスペック」なメイにわたしたちは「親しみ」を感じるのだろうか。

『令和二年版　厚生労働白書』によると、二五歳から三四歳の女性のうち三七％は非正規雇用労働者である。また、『令和二年賃金構造基本統計調査』によれば、二五歳から三四歳の女性の非正規雇用労働者の賃金は同年代の正社員・正職員の約七五から八二％、小企業で働く女性の賃金は大企業で働く女性の約八五％、高卒の女性の賃金は大卒の女性の約七五から八〇％ほどである。二五歳から三四歳の働く女性の四割近くを占める非正規雇用の女性たちの月二〇万円に満たない収入では、一日三時間、週三回で月額一二から一六万円と見積もられるような支払いをして（清水 二〇二二：一二四）、ナギサを雇うことは困難だ。そうであるにも拘わらず、多くの読者がメイの姿にエンパワメントされるのは何故だろうか。

アンジェラ・マクロビーは、ネオリベラル体制下のフェミニズムが、個人主義と市場と競争をスローガンに保守主義と結びつき、古めかしい「家族への価値」の言説を再流通させる構造を（マクロビー 二〇二二：三二）、〈完璧であること―欠点もあること―レジリエンス〉という概念で説明する。これは女性たちを実際には存在する不平等に目を向けさせることなく、体制迎合的な主体に穏健に懐柔する構造である。学歴・企業規模・雇用形態など複数の条件で有利なポジションにいるメイをある種の親しみやすい像として読者や視聴者に捉えさせる仕掛けに、この〈完璧であること―欠点もあること―レジリエンス〉の構造が一役買っているように思われる。まずは、この概念を確認しよう。

〈完璧であること〉を目指し、女性たちは成功にかりたてられる。それは、仕事において役職に就くような成功だけではなく、自らの身体を美しく保つよう管理し、身の回りにはセンスのよいものを配置し、家庭においてもフェミニズムに理解のある伴侶を得て協力しながら子どもに十分に手をかけることを理想とする（マクロビー 二〇二二：八三―八五）。しかし、この非常に高い理想通りに女性たちが必ずしも成功できるわけではないときに、同時に設定される〈欠点もあること〉という、苦難や苦痛の経験と、そこからの立ち直りのストーリー〈レジリエンス〉のナラティヴが体制を補完する。〈欠点もあること〉の内容には様々なバリエーションがあるが、例えば、一方でそれは、職場でのハラスメントや街路でのミソジニー、体型に対する中傷の被害を受けることをはじめとする性差別に遭うことであり、他方でそれは、Instagram などで他人の投稿と自らを比較して不安になるといったソーシャルメディアを通じて広がる不安であり、あるいは、家が散らかっていることが暴露されることや、人前でスピーチを失敗すること、公共空間でだらしのない格好をしていること、写りの悪い写真を他人に見られることといった自分が十分にイケていないと感じるような経験などが挙げられる（マクロビー 二〇二二：八五―八六、九一、九四）。そして、〈レジリエンス〉はそのような〈欠点もあること〉を対処し切り抜けるためのテクニックである。それは、つらい経験について語ったり、自分と他人を比べることをやめたりすることで、自分自身の不完全さを受け入れ、失望に耐える方法を学び、大きな成功や幸福や他人による是認をいつも期待しないでいられるようになり、最終的により強い自尊感情を獲得することを目的とする（マクロビー 二〇二二：九五―九六）。〈レジリエンス〉の結果行きつく先は、「そこそこに良い」母親であることや、「完璧な身体を持とうとはせず」に、「なんでもこなそうとするのではなく仕事量を無理のない範囲にとどめ、家族生活を優先事項とする」人生である（マクロビー 二〇二二：九六）。

ポピュラー文化にあふれるこのような語りが女性向けの事業や、フェミニズム的だとされるような商業的な事業を特徴づけ、セレブリティたちはそうしたナラティヴを提供する。それらのナラティヴは、非白人や労働者階級の女性たちも歓迎するかのような身振りの一方で、実際にはそれらの女性たちは白人のミドルクラス中心の体制に疑義を呈しない限りにおいてのみ包摂されるのであり、人種や階級をめぐる女性たちの差異は覆い隠され、人種主義や階級に関する問題ある体制は温存される（マクロビー 二〇二二：七六、八五）。実際には、非正規雇用の女性をはじめ様々な立場の女性がいるにも拘わらず『ナギサさん』に広く共感が集まる状況は、そうしたフェミニズムをめぐる状況から考えられるのではないだろうか。本章では、この〈完璧であること―欠点もあること―レジリエンス〉の枠組を分析視座として、『ナギサさん』に描かれる再生産労働を検討する。

第三節　仕事も家事も子どもも――〈完璧であること〉

母美登里からの「馬鹿な男よりもっと上を目指しなさい」（一一）という期待のもと育てられたメイは、仕事において完璧を目指しており、実際に業績もとてもよく〈完璧であること〉の道のりにいる。新薬を使いたがらない医師についてぼやく同僚の男性に対して、「その辺の男共と違って／私　仕事できるんで」とメイは言い、それについて他の同僚の男性は、「さすが成績優秀者様は言うことが違うねぇ」と嫌味を返す（九）。「この業界きついから男でも辞める奴多いのに　こえー女」と続ける同僚の男性の言葉を後ろに（一〇）、メイは美登里から、「お母さんはね大学行ってお勤めしたかったのに「女の子だからお母さんにしかなっちゃだめ」って言われたの／お父さんよりその辺の男よりずっとできたのに／メイ達にはそんな風になってほしくない／馬鹿な男よりもっと上を目指しなさい「将来の夢が」「お母さん」なんて／くだらないこと二度と言わないで」と言われた過去を思い出し、「…確かに／「女」っていうだけで苦労したわよね／純粋に成績だけで見てくれないし／大手製薬メーカーのMR／今期の計画150％越えで評価Aは決まりだし」と、自分が女性であることによって評価されないという面を語りつつ、同時に現在の自分がそれに屈していないことを語る（一一）。

美登里からメイに対する期待は、仕事における成功だけではない。ドラマでの「メイ、片付けできないの？　お洗濯は？　お料理は？　もしかして、家事全般？」「家事が苦手なのはわかったし、しょうがないけど。ちゃんとできるようにしなきゃ。今からでも遅くはないよ。ね、やればできるよ。まだ若いんだし、いくら家事が苦手だからって、家政夫さん雇ってるなんてあなたも恥ずかしくて人には言えないでしょう。メイももう二八で、結婚だって考える年なんだし。ね、メイは結婚しても今のお仕事続けるんでしょ？」「今のうちから、仕事と家事を両立できるようにしておかないと。お母さんにはできなかったから、あなたにはそうなってほしくないの。お母さんメイには一片の悔いもない人生を送ってもらいたいの」（第三話）という言葉にあらわれているように、美登里は、仕事での成功に加えて、家事も完璧にこなすことをメイに期待する。仕事で男性と競い、結婚し、家事を外注することなく両立することを美登里はメイに求める。一九八五年に男女雇用機会均等法が制定された直後に就職し、結婚を機に退職せざるをえなかった美登里の理想は、男性労働者向けにつくられた職場のルールを変えないままに女性の参入が促された時代の（上野 二〇一七：二二）、男性並みの労働をしつつ、家庭内でも家事を中心的に負担する女性の葛藤があらわれている。

　こうした家庭も完璧にこなすことという期待は、妹ユイからも別様のかたちでメイに向けられる。ユイは子どもを抱きつつ、メイの家に派遣する家事代行にナギサを選んだ理由を話す過程で美登里の姿を引き合いに出し、「凄かったよねーお母さん　子供は塾に入れておいて自分はお芝居とかクラシックとかさぁ／潔癖気味の人だったから／家だけはいつも綺麗だったけど　レトルトや出来合いのものばかりで「お袋の味」なんて知らないし」と話す（四〇）。この言葉からは、芝居やクラシックの鑑賞に出かけるのではなく、家にいて子どもの世話をし、食事を作る母親が理想とされていることがわかる。ユイは、妊娠によって大学を中退して、ナギサと同じ会社で家事代行のパートをしつつ夫と子どもと生活している。このような生活を送るユイが「お姉は確かに仕事バリバリこなすの向いてるタイプだと思うし／たださ　私が結婚して「普通の家」の幸せをいいなって思ったから／お姉ちゃんにも一度それを味わわせたいなって思ったの　結局はお母さんと同じ自分の価値を押し付けてるだけなんだけどね」と⦅四三⦆、「「普通の家」の幸せ」と子どもを抱きながら話すとき、そこには必然的に結婚し子どもがいて母親は家庭を優先するといった生活像が付随する。メイには、パートの母親と働く夫と子どもによって構成される家庭生活を送るような「幸せ」が期待されている。

サラ・アーメッド（2010）は、「わたしはただあなたの幸せを願っているだけ」というメッセージを通じた、規範の強制を指摘する。アーメッドは、ナンシー・ガーデンの小説『アニー・オン・マイ・マインド』（一九八二）で、女性と交際する娘に対して父親が、子どもを持つことのないゲイの人生は幸せではないから、男性と結婚し子どもを持つような幸せな生活を送ってほしいと話すシーンを分析する。夫も子どももいない娘の人生は、父親からすると不幸せなものであり、娘は不幸せになると考えて父親は不幸せになる（Ahmed 2010 : 93–94）。すると、父親に不幸せだとみなされ、クィアとしての人生や関係性を認めてもらえないことによって、娘も不幸せになる（Ahmed 2010 : 94）。「わたしはただあなたの幸せを願っているだけ」というのは、一見控えめなメッセージだが、結局のところ、それは何を「幸せ」とするかに関する価値観を相手に押し付ける（Ahmed 2010 : 91–94）。ナギサをメイの家に派遣することはもともとユイが決めたものだが、ナギサの派遣に込められた、完璧な母親像と家庭生活のイメージは、メイに対するプレッシャーになりうる。

美登里とユイから求められる期待に加えて、ドラマのオリジナルキャラクターで同僚の陶山薫の自分磨きと婚活に力を入れる生活もメイに対するプレッシャーとなる。陶山は、部屋をセンスよく整え、健康に気を配った料理をつくり、仕事の後に、料理教室とホットヨガとボクササイズと、週三日習い事をし、婚活のための自己啓発本を読む生活をしている。男性と競い勝つような仕事における成功と、家庭で子どもに手の込んだ食事をつくること、そして、日常的な運動によって身体を管理し、身の回りにセンスのよい空間を作り上げるといった三人からメイが受け取る理想は、まさしくマクロビーが示した〈完璧であること〉のモデルと重なりうる。それは、二〇一五年制定の女性活躍推進法のもと、バリバリ働くと同時に子育てと家事介護も頑張ることが「輝いている」とされ（菊地 二〇二二：一六）、性別役割分担はそのままに、働きつつ子どもを産み育てる母親が理想とされる姿でもある（三浦 二〇一五：五四）。さらに、マクロビーが扱うような欧米のモデルにおいて〈完璧であること〉がFacebook（現Meta）の取締役シェリル・サンドバーグをはじめ一人の人物に体現されるのと比べて、『ナギサさん』では、美登里とユイと陶山といった三人の人物の期待によって構成される様は、成長戦略と少子化対策と社会保障費抑制という相矛盾する中途半端な女性の就労推進政策の中で、一定のモデルが提示されるのではなく、雇用形態や再生産労働の外部化に関する選択が女性に突きつけられ、女性たちが分化される状況（三浦 二〇一五：五三―五七）と理解できるかもしれない。メイには、両立困難な理想が期待される。

第四節　労働問題の不可視化、家事ができないことへの焦点化 ――〈欠点もあること〉

このような、仕事での成功と同時に、結婚し子どもを持ち、家事もこなすような〈完璧であること〉のナラティヴに対して、実際のメイは〈欠点もあること〉の物語を担うような存在である。メイの〈欠点〉の描かれ方は、一方で、マンガに描かれるような職場でセクシュアル・ハラスメントの被害に遭うことや同僚の社員に成績で負けることであり、他方で、作品を貫く家事ができないことである。

まず、前者について、マンガでは、営業先の病院で高齢の男性医師に自社の薬を売るために別の医師がその薬を採用したことを伝えると、その高齢の男性医師は、「そうねあの先生　女性には弱いから」とまるでメイが女性であるから別の医師が薬を採用したかのように語る（一八）。それに対して、「…先生には当社の製品を評価して頂いて…」と応答するメイの言葉を遮り、高齢の男性医師は、「ん？　あーいいよそーゆーの　貴女みたいなオンナノコにお願いされたらイチコロでしょう」とメイの抗議を否定し、「で／どこまでサービスしたの」と言ってメイの手を握る（一八―一九）。すなわち、高齢の男性医師は、薬の効能など製品の評価ではなく、メイが性的サービスを提供したことによってその引き換えに薬の採用が決まったとみなし、さらに自らにも同様の性的サービスを提供するようメイに迫る。このシーンはテレビドラマでは登場せず、営業先のイケメン医師の肥後は勘違いからメイに好意を抱き交際を申し込むが、それは薬の採用をちらつかせて対価として性的サービスを要求するようなこととは異なり、メイがモテる様子を構成するような描写となる。

また、同僚に成績で負けることについては、会社で「おーマジで！／今回試験お前トップ⁉」「うっそすげーじゃん」「相原神話とうとう破れたか～」「あいつずっと首位だったもんな　あれ？　でも今回二位は加藤って聞いたぜ」「えっ　じゃあ今回相原は――…」とメイに聞こえる距離で男性社員三人が会話している場面である（五一）。メイはそれを聞いて、美登里からの「いい？　メイ／男の子にも誰にも負けちゃだめ／［中略］メイだけはお母さんを裏切らないで」という言葉を思い出すように（五二）、一方でこれは美登里からの期待を裏切ることを恐れるシーンとして描かれるが、他方でそれは、会社における男性社員のミソジニーがあらわれているシーンでもある。男性社員の会話において、同僚の成績を褒めるのは最初のやりとりのみであり、その後の発話のすべてがメイに関することであるところに、メイへの執着があらわれており、言ってみればメイを負かすことが最優先関心事項であることがわかる。このシーンもドラマでは改変され、同業他社の田所と競っていた契約を田所の会社が採用になるというストーリーに代わる。田所は、この出来事についてメイに自慢したりメイを見下したりすることはない。

以上のように、営業先の医師からのセクシュアル・ハラスメントと同僚のミソジニーはドラマでは別のエピソードへと変わるが、マンガとドラマで変わらず描かれるメイの〈欠点〉は、メイが家事をできないことだ。そもそも、「――せっかく綺麗なマンション買って一人暮らしでも／お姉　生活能力ないじゃない？　見かねて片付けに来たのよ／玄関からリビングまで道作るだけで一日かかったわー／というわけで／家政夫さん雇ってきました」からはじまるように（六）、メイが家事をできないことは、作品の根幹となる設定であり様々な形で描かれる。それは、物であふれて足の踏み場もない家の中や、未開封の宅配物、切れたままの電球、インスタント食品中心の食生活など多岐にわたる。特に顕著なのは、第三節で引用したような「仕事と家事を両立できるようにしておかないと」という美登里の言葉を受けてナギサとの契約をやめた場面だ（第三話）。家事をすべて自分でやろうとしたメイは、勉強しながら鍋を火にかけている間に、眠気に襲われ、鍋を焦がし危うく火事になりかけ、そのような生活を続ける中で、大きな仕事を終えた後に、力尽き過労で倒れる。

こうしたメイの様子について作品内では、美登里の「メイがわたしに似て、家事がまるっきりダメなんて」という言葉や、ユイの「あの人〔美登里〕、お姉ちゃんが致命的に家事が苦手だってこと全然わかってないから」という言葉にあらわれているように（第三話）、メイが家事を苦手だというエピソードとして提示される。しかし、メイの生活スタイルからは、別の背景もあるように思われる。鍋を焦がした日のメイの一日を見てみれば、朝は四時半に起き、掃除機をかけ洗濯物を干し、七時過ぎには家を出て、二一時頃まで職場にいて、帰宅した後で、二二時過ぎに洗濯物を取り込み、たたんで、アイロンをかけて、風呂を洗い、食事を作りながら勉強をしており、鍋を焦がしたのは日付が変わる頃である（第三話）。すなわち、メイが家事をできないことについては、確かに家事が苦手だという側面もあるが、同時にメイの生活が仕事に追われ、家事をする時間がないという側面も無視できないはずだ。であるにも拘わらず、美登里やユイの言葉のように前面に出されるのは、メイが家事を苦手だという側面である。職場のハラスメントやミソジニーが不可視化されるのと同様に、ワークとライフのバランスがとれているとは言い難い、基本的な再生産労働を圧迫するほどの長時間労働の問題は後景化される。

そうした生活と労働をめぐる諸問題の不可視化は、番組の企画にもあらわれている。番組ホームページで「#わたナギ働く女子あるある」という、仕事をする中で共感してもらえそうな行動や考えをInstagramやTwitter（現X）に投稿する視聴者参加型の企画がつくられた。投稿例として、「仕事が忙しくて、プライベートで買ったものを忘れて同じリップクリーム3本が違う場所からよく出てくる！」や、「平日の服装が曜日でルーティン化しちゃう！」といったものが挙げられ、メイが疲れてメイクを落とさずに寝てしまったり、洗い物がたまっていたりというエピソードは、この企画で集められた声から脚本に盛り込まれた（大沢 二〇二〇b）。SNSで体験を共有し連帯するという側面においては、例えば、性暴力の告発を行う #MeToo 運動[2]のように、働く女性たちのハラスメント被害の告発や、あるいは労働問題の共有もできたかもしれないこの企画は、しかし、投稿例によって「ずぼらさ」の共有へと方向づけられ、結局、個人の性格や怠惰な生活の共有にしかならない。メイの〈欠点もあること〉は、実際には、セクシュアル・ハラスメントや長時間労働など労働をめぐる諸問題もあったはずだが、ドラマにおいてそうした問題は後景化し、家事が苦手であることのみに焦点化される。

第五節　維持される性別役割分業――〈レジリエンス〉（一）

以上見たような、メイに対する〈完璧〉であれという期待と、必ずしもそうした期待に応えることができず、家事が苦手だという〈欠点〉に対し、用意される第一の〈レジリエンス〉は、メイが家事を苦手である自分を受け入れ、仕事も家事もとすべてを〈完璧〉にこなそうとするのではなく、家事をナギサに依頼することにある。一度はすべてを自分でやろうとしたメイは、再度ナギサと契約を結ぶ。

このナギサのような男性像を、河野真太郎はポスト・イクメン的な「新たな男性性」と評する。彼らは、「イクメンたり得ないことであるとか、新たな男性性を獲得せねばならないといった悩みから解放されて」おり、肩肘張らずに「自然」に「飄々と」ケア労働を行うことができる（河野 二〇二二：二六一―二六四）。そうした、ポスト・イクメン的な「飄々とした自然さ」は、「新たな男性性」一般にとって重要な性質であり、メイとナギサのカップルの「バリキャリのポストフェミニストと、完璧な家政夫のおじさんの取り合わせは、ポストフェミニズム自体において家事労働・再生産労働の能力を備えた男性が欲望されるという構図を分かりやすく伝えて」いると評される（河野 二〇二二：二六三―二六四）。

しかし、仮にナギサがポスト・イクメンという新しい男性像だとしても、実際のところ、ナギサは性別役割分業を解体することのないような存在であるように思われる。というのも、ナギサには常に、「母」や「妻」といった記号が付与されているからである。ナギサは、幼い頃より、「お母さん」に憧れていた。子どもの頃のナギサが将来の夢を聞かれた際に、「おかあさんがいちばんかっこいい／ごはんはおいしいし／このあいだつくえつくってたし／あさ　いちばんはやくおきて／よるおそくかえってくるおとうさんのせわをして／モモだっておかあさんのいうことだけはきくんだ」と（一一三）、ナギサは「お母さん」に対する憧れを話す。このように、ナギサが憧れる「お母さん」とは、食事を作り日曜大工をやり、育児だけでなく夫とペットの世話をし、夜遅く寝て朝早く起きる存在である。『平成二八年　社会生活基本調査』が示すように、子や夫に係る再生産労働を専ら母が負担する日本の家庭では、男性に比べて女性の家事負担が多く、子育て世代の女性の睡眠時間は男性と比べて短いが、その現状を問題視することなく踏襲し、「いちばんかっこいい」と礼賛するのみである。

　この「母」への憧れは、ナギサの本質を支えるものと位置づけられている。メイの家で初回の家事代行をする際に、「なんで家政夫なんかやってるんですか？」とメイに尋ねられたナギサは、「私は――／小さい頃「お母さん」になりたかったんです」と答える（一四―一五）。営業先でセクシュアル・ハラスメント被害に遭ったメイは、家でナギサの前で泥酔し、ベッドへと運んだナギサを「いかないで／おかあさん…」と母と間違えて引き留める（二六）。妹のユイは、ナギサを「私が知ってる中で一番「お母さん力」高い人」と表現し（四四）、メイはナギサを「私の／もう一人のお母さん」と認識するようになる（八八）。このように、ナギサ自身が「母」になろうとし、その願望はかなえられ、ナギサには常に「母」の記号が付けられる。

　そして、終盤には、この家事を担う存在を「母」とする役割分業は、パートナー関係における

「妻」に帰せられることになる。マンガで結婚へと至るやりとりは、「親子ではなく／ただの男女の間でも／「お母さん」と呼ぶ関係はあったなと／普通は男性から女性にですが」とナギサがメイに言い（二〇二四）、メイが「それはアレ？／結婚した夫婦の呼び方が「お父さん」「お母さん」になっていくってやつ　ナギサさんと／結婚？」と考えた末、「じゃあその　私達／…結婚しますか？」と申し出るものである（Kindle）。それまでは、親子関係としての「母」であったが、夫婦関係における「お母さん」呼びを支点に、「母」の語を残したままに夫婦関係へとシフトすることで、「母」の記号が「妻」と重ねられる。その後、「お仕事お疲れ様です。今日はおでんです」という夕食についての連絡に、「新妻の愛らしさかよ!!」メイは感じ、「お帰りなさいメイさん／お風呂にしますか、ごはんにしますか」とエプロン姿でメイの帰宅を迎えるナギサは、エプロンを「新妻気取りで作ってみました」と言い、メイも、「新…妻…／とか…」と（Kindle）、「妻」という語が料理や裁縫と接続される。家事労働を担う存在としての「お母さん」は、「妻」へと重ねられていく。

このような家事をする男性に、「母」や「妻」の記号を重ねることは、『ナギサさん』と同時期の他の作品でも行われる。二〇二三年のドラマ『わたしのお嫁くん』及び柴なつみによる同名の原作のマンガ（二〇一九〜二〇二三年）は、そのタイトルにあるように、家事をする男性が「嫁」と表現される。大手家電メーカーの営業職として働く家事が苦手な速見穂香が会社の後輩で家事が得意な山本千博に同棲を持ちかけるきっかけは、「週3くらいでうちに来て掃除や料理をしてもらう日々／加えて彼といる居心地の良さから」であり、速見は山本に「一緒に住まない？　嫁として」と言う（柴 一巻：四六）。同棲は「嫁入り」であり（柴 一巻：五〇）、山本は「お嫁さん」で、家賃を負担する速見は「大黒柱」であり（柴 一巻：七九―八〇）、「旦那」と表現される（柴 一巻：一五三）。

葛藤なく自然に飄々と再生産労働を行うと評されるナギサや、同様にポスト・イクメン的キャラクターだと思われる山本に「母」「妻」「嫁」という記号が貼りつけられるとき、もはや彼らは男性性を更新するキャラクターであるのか疑わしくなる。「お母さん」になりたいというナギサの願いが、「母」の記号の付与によってかなえられていく様は、ナギサのような男性を、「そのような男性がいてもよい」と個性として承認するものであって、ちょうど、ネオリベラリズムの進展に伴い、クィアの運動が、規範を問うものから私的な領域での承認を求めるものへと穏健化する（Duggan 2003：50–51）のと似たように、性別役割分業を批判しない。

第六節　有償労働から無償労働へ——〈レジリエンス〉（二）

このように、「母」や「妻」や「嫁」へと帰せられた家事労働の負担は、当初はその労働に対する対価が支払われる有償のものであったが、それが二人の関係性の進展によって、有償性は曖昧になり、無償のものとなっていく。『ナギサさん』では、結婚のトライアルというかたちで同棲を始めた後も、「分担って言っても家事は私ゴミ捨てくらいだけど／その分がんばって稼ぐので許してください」というメイの言葉にあらわれているように（Kindle）、ナギサに家事の負担は偏っている。それは『わたしのお嫁くん』も同様で、当初山本は家事を時給三〇〇〇円だと冗談半分に言い、実際には、山本の家事のお礼に速見は山本の残業を手伝い、そのお礼に山本がご飯を作り、そのお礼に……と形式的には何らかの対価が支払われていたが、同棲を始めて以降は、「私はすっかり新婚ボケ状態で／生活面ではすっかり山本君に頼りきっている」という速見の言葉のように（柴 一巻：一一二）、家事の大半を山本が担うようになる。それは掃除や料理をはじめ、郵便物の差出しなど生活にまつわる広い範囲に及ぶ（柴 一巻：一一二）。

結婚において家事労働が期待されていることは、ドラマのメイからナギサへのプロポーズにおいて顕著にあらわれている。職場での担当部署の異動に伴い、家事代行に入れなくなることをナギサから伝えられたメイは、パニックになりながら、「ナギサさんがいなくなったら、この部屋はどうなるんですか？ わたし絶対また秒で荒らしますよ？ ごはんだってまたレトルトとかコンビニ弁当ばっかりに戻っちゃうし、イヤリングだって、きっと永遠に行方不明です。それに洗濯物もゴミも……」「考えられないんです。ナギサさんがいない生活なんて考えられない。［中略］じゃあ、私たち結婚しませんか？」（第八話）と、部屋の掃除や食事の準備や洗濯やゴミ出しをこれからどうすればよいのかという不安から、ナギサを生活に必要な存在だと表現し、ナギサに結婚を申し込む。このドラマのプロポーズには、有償か無償かは言及されないものの、少なくとも結婚において家事労働する主体を確保する期待が隠すことなくあらわれている。そして、前述のように、結婚を意識した関係性における家事労働のナギサへの一方的な偏りと、ナギサの家事労働の無償化が続く。

こうした様子は、二〇一二年から二〇一七年にかけてＫｉｓｓコミックで連載され、二〇一九年から二〇二〇年に続編が刊行された海野つなみの『逃げるは恥だが役に立つ』と二〇一六年の同名のドラマが、家事労働が無償労働とされる問題に取り組んだことからのある種の「揺れ戻し」や「後退」とも考えられるかもしれない。『逃げるは恥だが役に立つ』は、家事代行の森山みくりと雇用主の津崎平匡の、当初は家事代行の契約で契約結婚した二人が、やがて恋愛関係になり結婚に至る話だ。恋愛関係が進展した延長で平匡がみくりに籍を入れないかと申し出る。それに対して、みくりはそれまで家事の対価として支払われていた給与がこれまでどおり支払われるのか気になり、マンガでは、「籍を入れるってことは仕事としての家事はどうなるんでしょうか　っていうかお給料はどうなるんでしょうか」「私は仕事として家事代行を自分なりにいろいろ工夫してやってきたので　お金をもらう以上掃除も計画的にきっちりこなし料理も失敗したら作り直し／それが　無償で同じクオリティでこれからやってってことになっちゃうのかなって…　それはちょっとハードルが高いなって…」と、結婚後それを無償で求められるかもしれないことに対する不安を口にする（海野 六巻：一三三―一三四）。

こうした夫婦において、家事労働が無償のものとされることについて、ドラマでは、「愛情の搾取」という言葉で問題提起される。「結婚すれば雇用契約は必要なくなります。今までみくりさんに支払っていた給与分が浮いて、生活費ないしは貯蓄に回すことができます。［中略］つまり、結婚した方がお互いに有意義であるという結論に達しました」と平匡はプロポーズする（第一〇話）。結婚したらそれまで家事の対価としてみくりに支払っていた給与を支払わなくてもよいという前提で話す平匡に対して、みくりは、「結婚すれば給料を払わずに私をただで使えるから合理的、そういうことですよね？」と指摘し、「それは、好きの搾取です。好きならば、愛があれば、なんだってできるだろうって、そんなことでいいんでしょうか？　わたくし森山みくりは、愛情の搾取に断固として反対します」（第一〇話）と拒絶する。『逃げるは恥だが役に立つ』は、そのような認識を、「好きの搾取」「愛情の搾取」として批判する。これは結局、「家事労働の搾取」ではなく「愛情の搾取」であってフェミニズムの空洞化だと菊地夏野は指摘するが、一般的には、家事労働の搾取性を指摘するフェミニズム的主張として高く評価されてきた（菊地 二〇二一：一二三―一二四）。

以上のような家事労働の無償化に対する批判が約五年前に注目を集めたにも拘わらず、『ナギサさん』では、もともと家事代行という有償サービスだったものが、二人の交際と結婚によって曖昧なものとなる。『ナギサさん』の、家事の主体を「母」や「妻」に貼りつけた挙句、恋愛と接続され、結婚及び結婚を前提とした関係において無償化される様子は、『逃げるは恥だが役に立つ』での「愛情の搾取」批判からの「揺れ戻し」であり、それは、結婚によって築かれた家庭において、当然のように「母」や「妻」といった女性に家事労働が偏るような性別役割分業の継続、あるいは再強化と言えるだろう。『ナギサさん』と『逃げるは恥だが役に立つ』はＴＢＳの同じ枠で放送され、コロナ禍の影響で『ナギサさん』の放送スケジュールが後ろ倒しになった際に、代理で放送されたのが『逃げるは恥だが役に立つ』だったことからも、両作品の間の家事労働の無償化をめぐる「後退」は、無視できるものではないだろう。

第七節　「王子様」の獲得とは別の物語を

ドラマで〈欠点もあること〉のエピソードとして焦点化された、家事が苦手だというメイの〈欠点〉に対する〈レジリエンス〉としてのナギサによる救済が、実際には家事を「母」に帰せる性別役割分業を解体するどころか強化するものであり、また、結婚に至るストーリーが無償労働としての家事をなぞらえてしまうという効果を持っていた。では、セクシュアル・ハラスメントやミソジニックな職場環境や長時間労働の問題に対する〈レジリエンス〉はどうだろうか。

マンガで描かれる職場でのセクシュアル・ハラスメントによるメイの傷は、帰宅後ナギサによって慰められることによって対処される。「そんな「優秀な女」が認められないの⁉　誰が枕営業なんてするかってーの！／全部　私の実力なのに／なんであんなジジィに　あんなこと言われなきゃなんないの!!」と怒るメイに、ナギサは、「部屋を片付けていればわかります／他の荷物はぐちゃぐちゃなのにMR関連の本だけは手の届く場所にありました　寝食を惜しんで勉強してるんでしょう／使い込まれたテキストに薬審に関する資料／貴女は本当に努力家だ」と言い、「…私がんばってる？」「男に負けちゃいけないの？」と聞くメイに「身体を壊されないか心配になるくらいに／誰より格好いいですよ」とナギサは伝える（二〇一二）。本来あった会社のセクシュアル・ハラスメントという労働問題は後景化し、メイの努力の承認をめぐる問題となり、ナギサからの承認によってその解決が図られる。そうした、労働問題が問題として問われることなく、ナギサの存在によって解決される様は、長時間労働についても同様で、第一義的には、ナギサに家事をアウトソーシングすることによる解決だが、最終的に結婚へと至るストーリーは、実質的にパートナーによる無償労働によって解決される物語となる。マンガでは、ナギサの前職のMR時代の後輩で過労によって精神を病み退職した箸尾玲香とナギサが再会し、ナギサが当時自分が気が付いてあげられなかったことを謝罪するのに対する、「そもそも会社がちゃんと人員を補充しろって話ですよ」というメイと「それな／間違ってるのは会社とMRって職の過酷さですよ!!」という箸尾の言葉に辛うじてあらわれていた問題の指摘も（一八六）、ドラマでは消え、結局マンガでも、箸尾が退職後に子どもを産み幸せな生活を送っている話に収束する。TBSテレビ編成担当の松本友香は「女性が男性の家政夫を雇うという、時代の半歩先を行く設定にすることで、バリバリ働く女性にとっての癒しを描きたかった」と話し（大沢 二〇二〇b）、そうした「明るく平和的な物語」が多くの人からの支持を集めたと評されるが（清水 二〇二一：一一七）、心地のよい物語は、労働問題を不可視化する。

そもそも労働に追われる人が再生産労働をアウトソーシングできる社会は、再生産労働を外注する高所得層と、その外注先として家事代行業に従事する低所得層の格差を前提に成立している（上野 二〇一七：三〇―三一；筒井 二〇一六：一二一―一二九）。しかし、『ナギサさん』においてそれも、当初「家政夫なんか」（一四）や「そんなこと」（六一）とメイや美登里が低く評価していたナギサやユイの仕事を、「立派なお仕事ね　家政夫（婦）さんて」と認める承認の問題に回収され（第五話）、パート勤務のユイは非正規雇用であるが、メイとの労働条件や生活の差は描かれない。メイが家事をできないことへの〈欠点〉の焦点化と、それに対するナギサによってもたらされる〈レジリエンス〉を中心とした物語が、こうした幾重にもわたる労働問題を不可視化し、実際には「ハイスペック」なメイの物語に人々が「共感」し、あたかも自身もメイのような物語の担い手だと錯覚することを可能にする。

以上で論じたような、職場での不当な評価に対してナギサからの承認によって回復したり、あるいは、家事が苦手であると同時に長時間労働によって家事ができないことについては、ナギサに家事を外注することによって解決するといった〈レジリエンス〉の内容と、その後メイとナギサが結婚に至るストーリーは、少女マンガにおなじみの「伝統的な」白馬の王子様の物語のようである。少女マンガの現在について、「白馬の王子様」はこれからもある種の「伝統芸能」として描き続けられる一方で、「女子の人権や主体性を重んじ、読者をエンパワメントするような――つまりジェンダーやフェミニズムに関する価値観が当世風にアップデートされた――作品」も増えてきており、「全ての少女マンガが、ベタなシンデレラ・ストーリーで女性読者を洗脳しようとしているわけではない」と指摘される（トミヤマ 二〇二〇：七〇）。こうした指摘において、白馬にのった王子様にヒロインが選ばれ愛される「伝統的な」物語と女性の人権や主体性が重んじられ、読者をエンパワメントするような物語は対置され（トミヤマ 二〇二〇：七〇）、両者は別のものとされるが、『ナギサさん』においては、両者が併存しているように思われる。一見すると、長時間労働やセクシュアル・ハラスメントに負けずに仕事を頑張り、再生産労働がなおざりになるメイの姿が読者をエンパワメントする一方で、実際には、それらの労働と生活に関わる問題がナギサという王子様からの承認と家事労働の提供によって解決される様子は、結局、読者に「王子様」を期待させる。

しかし、言うまでもなく、セクシュアル・ハラスメントや長時間労働は正面から取り組まなくては根本的に解決されることはなく、また、パートナーの無償労働に依存するのでは、家事労働をめぐる問題も解決しない。このように『ナギサさん』は実生活に還元できないだけでなく、第一節で示したもう一つの「共感」としての「現実世界の諸制約を無視して首肯・肯定したいと思える」ようなフィクショナルな物語としても（岡本 二〇一五：一四三）、それを理想としては、あまりにも多くの生活や労働に関する問題が宙づりになってしまう。したがって、ナギサのような「王子様」が〈レジリエンス〉をもたらすのとは異なる物語が必要である。

次章以降はそのオルタナティヴな物語を検討する手掛かりとなる。美登里がメイに期待する〈完璧〉のイメージは男性にも負けないことであり、いわば、「男並み」になることであった。この「男並み」になるという言説については、次章で生理休暇を題材に健康の面から、続く第三章で港湾労働に従事した女性を題材に考える。また、ナギサは昼間の通常業務の後の深夜帯にメイの家で働き、メイが体調を崩した際には自身の有給休暇を使って看護にあたり、メイが書類を家に忘れた際には職場に届けるなどフレキシブルな対応をしていることからは、二人が同棲する前からナギサの生活と労働の境界線が曖昧である様子が窺える。こうした境界線の曖昧さゆえに、他の業種と様態が異なるとされ、家事代行の会社に所属するのではない家事使用人は労働基準法の適用外とされてきた。この生活と労働の線引きに関しては、第五章の観光産業に従事する女性の事例と、第七章の社会的養護に従事する職員の事例を通じて、また労働災害に対して補償を求めることについては、第四章で工場労働者の歴史からアプローチする。あるいは、平成末から令和が舞台の『ナギサさん』では、仕事に追われる女性が家事代行サービスを利用する選択肢があるが、そうではなかった時代にも女性は働いてきた。第六章では、市場に家事や育児を外部化する手段がなかった時代の女性教員の労働と生活から再生産労働の外部化について検討する。他にも、『逃げるは恥だが役に立つ』には同僚のゲイ男性や学生時代の友人のレズビアン女性が描かれる一方で、『ナギサさん』に描かれる恋愛や家族はどれも異性愛の関係性である。第八章では、性の多様性や日本で暮らす外国籍の人々に視野を広げ、新宿二丁目で働くＤＪの語りから、日本社会の排他性と、排除に対抗し新しい場や文化を創出する実践について考える。

「王子様」が解決してくれるわけでもなく、また「王子様」が解決することが望ましいわけでもないわたしたちは、別の物語を想像しなくてはいけない。

〈注〉

（１）本章の文中の丸括弧表記に入れた数字はすべてマンガ『家政夫のナギサさん』からの引用を指す。なお、分冊版の第九話以降は紙媒体で出版されていないため、第九話以降はKindleの『家政夫のナギサさん【描き下ろしおまけ付き特装版】』の第二巻から引用する。第二巻からの引用は「Kindle」と丸括弧内に表記する。

（２）二〇〇七年に黒人女性の若者を支援するタラナ・バーグが使いはじめたスローガンに起源をもち、二〇一七年に俳優のアリッサ・ミラノが性暴力やセクシュアル・ハラスメントの被害にあった人に「#MeToo」をつけてTwitterに投稿するよう呼び掛けて以降、世界中に広がったソーシャルネットワーク上の運動。

〈文献〉


上野千鶴子（二〇一七）「ネオリベラリズムとジェンダー」『ジェンダー研究』二〇：二一―三三。

碓井広義（二〇二〇）「週刊テレビ評――「私の家政夫ナギサさん」性別超えた母性の奥深さ」『毎日新聞』東京夕刊、二〇二〇年八月一五日、五頁。

海野つなみ（二〇一二―二〇一七、二〇一九―二〇二〇）『逃げるは恥だが役に立つ』一―一一巻、講談社。

海野つなみ原作、野木亜紀子脚本（二〇一六）『逃げるは恥だが役に立つ』ＴＢＳ。

大沢瑞季（二〇二〇ａ）「ザッピング――丸ごと認める姿に共感」『毎日新聞』東京夕刊、二〇二〇年八月五日、七頁。

――（二〇二〇ｂ）「ドラマ「私の家政夫ナギサさん」――家事一人で背負わないで「家政〝夫〟ナギサさん」の願い」『毎日新聞』東京夕刊、二〇二〇年九月五日、六頁。

岡本由紀子（二〇一五）『現代少女マンガにおける女性労働表象の研究――一九七〇～二〇一〇年代の作品を中心に』早稲田大学大学院二〇一五年度博士論文。

菊地夏野（二〇二一）「「逃げ恥」に観るポストフェミニズム――結婚／コンフルエント・ラブ／パートナーシップという幻想」『現代思想』四九（一〇）：一二〇―一二九。

――（二〇二二）「ポストフェミニズムから99％のためのフェミニズムへ」『女性学』二九：一二―二二。

厚生労働省（二〇二〇）『令和二年版　厚生労働白書』。

――（二〇二一）『令和二年賃金構造基本統計調査』。

河野真太郎（二〇二二）『新しい声を聞くぼくたち』講談社。

柴なつみ（二〇一九―二〇二三）『わたしのお嫁くん』一―一〇巻、講談社。

島崎今日子（二〇二〇）「（キュー）気になる「家政夫」との関係」『朝日新聞』朝刊、二〇二〇年七月二二日、二三頁。

清水美知子（二〇二二）「テレビドラマ『私の家政夫ナギサさん』にみる家事労働——固定観念からの解放」『関西国際大学研究紀要』二三：一一三—一二八。

総務省統計局（二〇一七）『平成二八年社会生活基本調査』。

筒井淳也（二〇一六）『結婚と家族のこれから——共働き社会の限界』光文社。

ＴＢＳテレビ「相関図」『私の家政夫ナギサさん』ホームページ https://www.tbs.co.jp/WATANAGI_tbs/chart/（二〇二四年六月三〇日閲覧）

——「＃わたナギ働く女子あるある」『私の家政夫ナギサさん』ホームページ https://www.tbs.co.jp/WATANAGI_tbs/aruarusns/（二〇二四年六月三〇日閲覧）

トミヤマユキコ（二〇二〇）「現代の少女マンガとフェミニズム」『現代思想』四八（四）：六九—七六。

藤本由香里（二〇〇八）『私の居場所はどこにあるの？——少女マンガが映す心のかたち』朝日新聞出版。

マクロビー、アンジェラ（二〇二二）『フェミニズムとレジリエンスの政治——ジェンダー、メディア、そして福祉の終焉』田中東子・河野真太郎訳、青土社。

三浦まり（二〇一五）「新自由主義的母性——「女性の活躍」政策の矛盾」『ジェンダー研究』一八：五三—六八。

四ツ原フリコ（二〇二〇）『家政夫のナギサさん【描き下ろしおまけ付き特装版】』一—一二巻、ソルマーレ編集部（Kindle）。

——（二〇二〇）『家政夫のナギサさん』株式会社ハーパーコリンズ・ジャパン。

四ツ原フリコ原作、徳尾浩司・山下すばる脚本（二〇二〇）『私の家政夫ナギサさん』ＴＢＳ。

Ahmed, Sara. (2010) *The Promise of Happiness*, Duke University Press.

Duggan, Lisa. (2003) *The Twilight of Equality?: Neoliberalism, Cultural Politics, and the Attack on Democracy*, Beacon Press.

（五十嵐舞）

第二章 ジェンダー平等は健康の権利を放棄しなければ得られないか

——労働力の再生産から考える生理休暇の意義

労働者は明日もまた明後日も働くために、労働力を回復させるための労働力の再生産が必要です。ここでは、生理休暇を労働力の再生産の権利と位置づけ、戦後の日本社会ではどうしてジェンダー平等実現のために生理休暇は忘れ去られかけたのか、男女雇用機会均等法の制定における「保護」と「平等」の論争を整理したうえで、これからの健康の権利のあり方を考えましょう。

第一節 ジェンダー平等は男性vs女性の闘いではない

今を生きるみなさんにとって、ジェンダー平等という言葉は当たり前かもしれない。でも、ほんの一〇年前、ジェンダーはまだ日本には馴染みのない言葉であり、また二〇年ほど前にはバッシングすらも受けた言葉である。ジェンダー平等をめぐっては長い歴史があるが、その実現のために、女性労働者がひっそりと戸棚にしまい込んで放棄しかけてしまった健康の権利がある。それが、いわゆる生理休暇である。生理休暇は正式名称を「生理日の就業が著しく困難な女性に対する措置」といい、労働基準法第六八条「使用者は、生理日の就業が著しく困難な女性が休暇を請求したときは、その者を生理日に就業させてはならない」というものである。

日常的に「生理」と呼ばれる月経は、「周期的に繰り返され、かつ限られた日数で自然に終わる子宮からの出血」と定義される（松本 二〇〇四：八八）。この月経に伴う痛みを一般的に月経痛（生理痛）と呼ぶ。その痛みには個人差があるが、月経による就業困難を訴える女性は日本人女性の約三割にも上ると言われ（武谷 二〇〇一：五〇六）、これに対応するのが生理休暇である。

その取得率についてみると、「女性労働者のうち、生理休暇を請求した者の割合」は二〇一九年四月一日から二〇二〇年三月三一日までの間に〇・九％、「女性労働者がいる事業所のうち、生理休暇の請求者がいた事業所の割合」は三・三％となっている。ちなみに、生理休暇を利用した際に有給となっている事業所割合は二九・〇％である。[1] 一方で、二〇二一年の国際女性デーに際して日本では、「生理の貧困」に注目が集まった。また、生理休暇は近年、ヨーロッパでの法制化などにともなって、目新しいものとしてにわかに注目を集めつつあるが、実は長い歴史をもつものであり、盛んに取得されていた時期も、批判の的になった時期も経て、今に至るのである。

生理休暇の歴史において大きな区切りとなったのは女子差別撤廃条約の批准のための男女雇用機会均等法（以下、均等法という）の制定である。これから社会に出ようとするみなさんにとっては男女平等というのは自明のことで、そもそもそれを気に留めたこともないかもしれない。しかし、それは女性労働者とともに闘った労働運動家や研究者たちにとっては長い闘いの後に得た〈妥協の産物〉であり、その制定は手放しに喜ばれて迎えられたものではなかった。つまり、均等法制定後に女性労働者には放棄せざるを得なかった権利があった。その一つが生理休暇である。

均等法の制定に関して、特に注目しなければいけないのは女性労働者の「保護」の扱いと、男性労働者との「平等」との関係性についての議論である。浅倉むつ子は、男女雇用平等法研究の重要な課題として生理休暇規定の再検討を行っている（浅倉 一九九一）。神尾真知子は均等法制定をめぐって展開された「保護と平等論」に焦点を絞り、特に一九八五年以前の労働組合運動の闘いと、「保護と平等論」の議論の内容を、使用者側と労働者側の立場から整理を行った（神尾 二〇一八）。さらに、堀あきこ・関めぐみ・荒木菜穂は、特に大阪における労働組合運動について注目し、「機会の平等」の批判と「結果の平等」を論じている（堀・関・荒木 二〇二〇）。

しかしながら、生理休暇については「保護」の一例として触れられても、焦点を当てられることはなかった。そこで本章では、生理休暇の議論の中でも、労働大臣の私的諮問機関である労働基準法研究会第二小委員会の見解を、女性労働者の保護を主張する論者がいかに評価したのかについて分析したい。特に、生理休暇の取り扱いの分水嶺となる一九七八年の「労働基準法研究会報告（女子関係）」が発表された前後の時期、生理休暇については、多岐に渡る論者によって議論が繰り広げられていた。目配りすべき主体は数えきれない。そのため、本章は論争を紐解く最初の試みとして、第二小委員会の見解と、それに対する女性労働者の保護を主張する論者たちの評価について考察したい。

第三節で論じるが、労働省初代婦人局長であり「均等法の母」とも呼ばれる赤松良子は、均等法制定時に出版された解説書の中で、「平等を主張しつつ保護には手をつけるなと言う意見は、企業側のみならず、世論の支持を得ることは難しく、そのような方向で法案を制定することは、到底良識ある人々に理解されるところではない」と表現している（赤松 一九八五：viii）。しかし、保護と平等を両立することは、本当に無理難題であったのか。本章では保護と平等の両立の可能性を検証する。

生理休暇の取り扱いについての議論を照射することは、決して月経という身体の特徴を持つ人だけの利益に光を当てようとしているものではない。本章では、先述した考察に加えて、これからの生理休暇のあるべき方向性について示すべく、セクシュアル・リプロダクティブ・ヘルス／ライツ（SRHR：性と生殖に関する健康と権利）の観点から、労働者の健康について考えたい。

先行研究において神尾は、生理休暇は「生理という妊娠・出産機能を保護するもの」として母性保護と解されるものであるとしている（神尾 二〇一八：一八八―一八九）。しかし、筆者は疑問を持っている。均等法が制定されたころの日本ではジェンダーとセクシュアリティの概念の切り分けがまだできていなかったし、主に生殖に関する保護が「母性保護」と名付けられ、出産をする可能性のある身体をもつ人だけが対象であった。しかし、そもそも「母性保護」という語句は労働基準法の中に登場せず、それが何を指すのかは実は曖昧であった。さらに、現代日本では、性と生殖に関する健康と権利を指すセクシュアル・リプロダクティブ・ヘルス／ライツがすべての人に認められている。これからは生理休暇を女性だけの権利として再主張していくよりも、性別にかかわらずすべての労働者に適用される、労働力の再生産を保障するための権利として改めていくべきではないだろうか。

労働者の健康や安全がおざなりにされる日本では、性別にかかわらず労働者の健康が守られることが重要である。よって、生理休暇が長い女性労働運動の結果として制定され、守られてきたことの重要性は認めながらも、今後の日本社会のために、性別にかかわらず労働者の健康を守るための措置へと改められていく可能性について論じたい。ジェンダー平等は、男性vs女性の闘いなのではなく、労働者が使用者に対して労働力の再生産のために要求していくものなのである。

そこで本章ではまず、戦前の生理休暇獲得の運動に始まり、戦後、労働基準法に生理休暇が制定され、女性労働者の権利として守られてきた時期のことを振り返る。そのうえで、女子差別撤廃条約の批准のための均等法の制定にあたって生理休暇の取り扱いについて議論され、最終的に均等法が〈妥協の産物〉として成立したことを明らかにする。さらに、保護と平等を両立することは本当に不可能なことであったのかを考察するとともに、これからの生理休暇の在り方を展望したい。

第二節　生理休暇の獲得と権利を守り抜いた人々

日本で最初に母性保護が具体的な労働運動の闘いの目標としてかかげられたのは、一九二七年の日本労働組合評議会（評議会）によるものだった。過酷な工場労働では、月経の日に休みたいというのが多くの女子労働者の潜在的な要求であった。昭和二年に始まる金融恐慌とその後の世界恐慌を契機に、「産業合理化」による労働強化が行われた。例えば、交通運輸業では低賃金である女性労働者を導入するようになったが、そもそも主要駅にさえトイレもない状況で、生理休暇の要求は女性労働者全体が持っていた。こうして一九三一年七月に千寿食品研究所が日本で初めての有給の生理休暇を獲得した（女子労働問題研究会／共同研究　一九六二：二―三）。

戦時期に労働組合は解散させられた。一方で女性労働者の月経に関する研究は続き、敗戦直後の労働基準法制定時に生理休暇は制定された。世界初の生理休暇の誕生である（堀川　二〇二二：五一―七二）。生理休暇の制定要因を桜井絹江は四点に要約している。第一に、占領軍の暗黙の了解があったこと、第二に、職場には休憩室や休養室もなく、月経の処置をするための衛生材料も不足するという環境下で、使用者側が生理休暇を認めざるを得なかったこと、第三に、戦前の要求と運動を引き継いで、労働組合が労働協約闘争によって生理休暇を獲得していたこと、第四に、生理休暇の必要性に対する世論が形成されていたことである（桜井 一九八七：八三―八六）。

豊田真穂は、戦前の生理休暇が労働組合運動の活発化の思惑で利用された可能性や、戦後の女性労働者も必ずしも望んでいたわけではなかったことを指摘した（豊田 二〇〇七：四六―四七、二三三）。ただし、敗戦直後から労働組合の全国中央組織が生理休暇を要求し、その後の労働基準法の水準を上回るレベル、つまり有給の生理休暇が協約化された（女子労働問題研究会／共同研究 一九六二：六―八）。また、労働基準法に生理休暇を盛り込む際に尽力したのは「日本労働総同盟婦人部長」として唯一の女性委員として委員会に参加した赤松常子であり（堀川 二〇二二：一六六）、女性労働者にとって生理休暇の要求は切実なものであったことが窺える。

労働基準法制定以降、労働組合婦人部は生理休暇の完全取得を主要な活動目標に掲げた。しかし、運動が定着し始めたころにＧＨＱによる運動の事実上の無力化があった（女子労働問題研究会／共同研究 一九六二：八）。一九五〇年代の日本経済における合理化政策は、労働時間の延長や労働量の増加はもちろん母性保護の権利も圧迫し、男女の賃金格差を拡大させた（嶋津 一九六二：五六―五七）。それに対し、一九五三年に始まっていた全国電気通信労働組合（全電通、現ＮＴＴ労働組合）婦人対策部の「母体保護運動月間」の成果を女性労働者全体に広げていくため、労働組合の全国中央組織である日本労働組合総評議会（総評）婦人協議会は一九五七年一一月に「母体保護強化月間」を設定した（山本 一九七六：六七、七〇、八九）。当時の記録として一つを紹介すれば、全電通名古屋市外電話分会の女性労働者は「生理日が夜勤や宿直にあたつた人は昼勤より、かえって疲労がはげしいのに、人員の関係でほとんど生休をとれない状態なのです。それなのに勝手に解釈されて、生休をなくされたら大変です」と残している（吉兼 一九五七：三七）。

橋本宏子は当時、生理休暇無用論が使用者側とともに「進歩陣営の間」にもあると論じた。共通点は、「月経障害者と、生理に有害な作業に従事する婦人のための純粋な母体保護であるのだから、広義の母性を保護する立場からの権利として要求し闘いとっていくのはおかしいという観点」であった（橋本 一九六二：六七）。橋本は「母性保護は、差別の原因をつくるものではなく、差別克服の前提である」と強く主張し（橋本 一九六二：六九）、母性保護は「搾取から身を守ることであり、働く権利、平等権をかちとる裏付け」であると論じた（橋本 一九六二：七三）。

社会政策学会でも、一九五九年の第一九回大会に「婦人労働」を共通論題としている。のちに労働省婦人局長となって均等法の制定に尽力し「均等法の母」と呼ばれる赤松良子が「婦人労働者の保護」（赤松 一九六一：一四八―一四九）を論じている。今読んでもなお現代日本のジェンダー平等の課題を鋭く指摘しており、本章のテーマに即して特に引用したいのは以下である。

使用者はたとえ保護法の強制をわずらわしく感じたとしてもなお婦人を雇用し続けるであろう。経済的には、婦人労働者保護のために要するコストを加算して、男子を雇用する場合に要する費用よりなお下廻る場合には、婦人を雇用することをやめないであろう。そして、事実は保護のために必要な経費以上に婦人の賃金が低いのであるから、保護があるために婦人労働者の雇用をやめるというようなことは、殆どおこらないと考えられるのである。従って、婦人労働者に対する保護が反って婦人の保護（注：前後から推測するに「雇用」だと思われる）をせばめるという言葉は、保護を忌避したがる使用者のおためごかしの文句としては有効であるが、理論的には、少くとも（原文ママ）一般論としては、全く誤りである。

「おためごかし」とは、表面的にはいかにも他人のためになるように見せかけて、実は自分の利益を図ることを指す言葉である。赤松は、「保護の存在は、婦人の昇進にとって、決定的な要因なのではなくて、実は昇進を行わせないためのかっこうの口実になっているという役割こそ強調されなければならない」（赤松 一九六一：一五〇）と論じた。さて、この後、女性労働者の保護をめぐっていかなる論争が繰り広げられたのか、次節で見ていこう。

第三節　男女雇用機会均等法の制定に向けて迫られた二者択一

均等法の制定過程については、赤松による解説書に詳しいため、詳細はそちらを参照いただくこととして（赤松 一九八五）、本章では概要のみ示したい。国連は、男女平等の促進のための行動を強化することを目的に、一九七五年を国際婦人年と定めた。最大行事がメキシコシティーで開催された国際婦人年世界会議であり、「国連婦人の十年」と呼ばれる一九八五年までの一〇年間に国際婦人年の目的を達成するための指針を示す世界行動計画が採択された（赤松 一九八五：四八―四九）。日本国内では一九六〇年代半ば以降、経済成長に伴って労働基準法についても問題点が指摘されるようになった。そこで、労働基準法施行の実情及び問題点についての調査研究を行うため、一九六九年に労働大臣の私的諮問機関として労働基準法研究会が設けられた。同研究会に一九七〇年、労働時間・休日・休暇及び女子・年少者の問題に関する実情及び問題点を専門的に調査研究するため、第二小委員会が設置された（赤松 一九八五：三四七）。第二小委員会は一九七二年に医学、生理学、労働衛生学、心理学等各分野の専門家による調査研究を進めると決定し、一九七三年から調査研究が行われ一九七四年一〇月「医学的・専門的立場から見た女子の特質――労働基準法研究会第二小委員会専門委員報告――」（以降、専門委員報告と呼ぶ）がまとめられた（赤松 一九八五：三四七）。各部会の構成員の一部を紹介すれば、戦前から女性労働についての研究蓄積のある労働科学研究所所長の斉藤一、また、かつて同研究所員であった勝木新次、さらに戦後日本の月経研究の第一人者となった松本清一など、戦前より女性と労働に関する研究に携わっていた研究者や医師が含まれた（労働基準法研究会第二小委員会、一九七四、一―二）。

専門委員報告は「月経時の保護」について六頁にわたり詳細に説明する。「月経は全身の内分泌の状態の周期的変化の現れの一つであって、月経異常はそのリズムの失調によることが多い」とされ、「過労や栄養不足、精神的負担などがその原因となることもある」と論じられた。月経異常といっても性器そのものの異常と内分泌的異常とに分けて考慮されなければならないことが記されている（労働基準法研究会第二小委員会 一九七四：二九）。そのうえで、「月経時に苦痛を伴う症状の発現するものが一部にみられる事実から月経時の勤務が一部の者にとって、月経の異常を増強する可能性のあること、逆に月経時苦痛のある者は、特に作業能の低下を来たすことのあることは当然と考えられる」と記された（労働基準法研究会第二小委員会 一九七四：三二）。

この報告では、産婦人科学と母性保健学の立場から月経困難症の「適切な治療」を促しながらも、月経随伴症状も考慮に入れると、就労困難について検討するためには「月経時だけの就労の困難性を考慮するのは矛盾している。すなわち、月経前緊張症の強いものについては、むしろ月経開始前こそ問題である」としている。さらに、「母性機能への影響という点からみれば、月経周期の時期のいつが最も影響があるとはいえず、月経時と同様に考慮する必要がある」とさえ論じている（労働基準法研

究会第二小委員会 一九七四：三四）。つまり、月経時のみではなく、月経開始前も含めて就労困難についての保護を考慮しなければいけないという結論である。

しかし、おそらく世間に伝えられるときには、これらの記述の前に現れる、以下の記述の方が前面に押し出された可能性がある。それは「月経時の就労が、たとえその際に苦痛を伴うことがあったとしても、将来の母性機能に影響を残すかどうかという点に関しては、はっきりとした学問的根拠はない」という一節である。また、「月経時に就労が困難である者は、産婦人科学的には、月経困難症の範ちゅうに属し、疾患の一つとして考えるべきである」という箇所や「月経困難症等は、適切な治療によってほとんど全部を軽快ないし治療させることができる。したがって月経時の苦痛のある者には早急に適切な治療を受けさせるべきである」という文章であった（労働基準法研究会第二小委員会 一九七四：三三―三四）。

さらに、労働基準法研究会第二小委員会は上記の専門委員報告に加えて、一九七八年一一月に労働基準法における女子関係規定の基本的な事項についての実情と問題点に関する研究結果である「労働基準法研究会報告（女子関係）」（以下、労基研報告と呼ぶ）を報告した（赤松 一九八五：三四七）。この労基研報告が大きな論争を巻き起こす。生理休暇は「女子の保護及び福祉関係法制」のうち、「労働基準法」の「一般女子の保護」に登場し、産前産後休業や育児時間などの「母性保護」と区別された。まず、「生理日」は月経中及び月経前期を指すことが示され、下腹痛、腰痛、頭痛等の強度の苦痛を伴って就業が困難であることを「就業が著しく困難」なものであると説明した。そのうえでその苦痛は主観的であり、医学的にも厳密な証明が「不可能」であり、また請求手続きを煩雑化することが制度の趣旨を「抹殺」してしまうことから、原則として本人の請求により与えられているとを記した。

さらに、「生理に有害な業務」について説明されたうえで、生理休暇の日数は原則として請求日数与えられること、生理休暇中の賃金についての規定はないとともに、生理休暇取得者に対して精皆勤手当等の減額などの不利益を課すことは望ましくない、ということがまとめられている（労働基準法研究会第二小委員会 一九七八：二三―二四）。

問題となるのは「現行規定の問題点及びその方向」であった。ここでは合理的理由のなくなった特別措置の存続が「かえって女子の職業選択の幅を狭め」るとし、「男女平等を徹底させるためには、できるだけ男女が同じ基盤にたって就業しうるようにすることが必要」だと示された（労働基準法研究会第二小委員会 一九七八：三九）。特に生理休暇についてみると、先述した専門委員報告の中でも母性機能への影響について「学問的根拠はない」とされた箇所や疾患であるとされた箇所が着目され、治療を受けるようにという指導の方が大切だとされた。極め付きが、「生理休暇制度には医学的根拠がなく、雇用機会と待遇を男女平等に確保するという観点からも本来廃止すべきもの」という一節である（労働基準法研究会第二小委員会 一九七八：四九―五一）。

この総括は、一九七四年の労働基準法研究会第二小委員会の専門委員報告からは論理の飛躍のある結論であったと言わざるを得ず、この労基研報告を巡って大きな論争が巻き起こった。赤松良子も、当時、母性保護以外の女子保護規定が最大の論点であったと語っている（赤松 一九八五：ⅷ）。労使間での議論の中心にあったのは、「保護と平等論」と呼ばれたもので、これは使用者側から示されたものであり、男女平等の徹底のためには、男女が同じ基盤で就労することが前提条件となるので、労働基準法の一般女性保護の廃止が必要だという主張である。そのうえで、労働者側に対して保護を選ぶのか平等を選ぶのか、という二者択一を迫った（神尾 二〇一八：一五八）。

当時、特集も多く組まれている。一例を挙げれば、『季刊　労働法』では「特集　女子労働と労基法改正問題」と題して、社会政策の研究蓄積を残した篭山京を巻頭に（篭山　一九七九：二―三）、社会政策研究者をはじめとした多くの論者が論争を展開している。注目すべきは、労基研報告を発表した労働基準法研究会のメンバーでもあった有泉亨が、研究会のメンバーに関する問題点として、報告書が担当課のスタッフによって作られたことによる問題性を論じていることである（有泉　一九七九：四―一二）。続く松岡三郎も、報告書の批判性のなさを指摘した（松岡　一九七九ａ：一二―一九）。また、松岡は別の論考で「心配」なのは、「差別撤廃の美名のもと」に女性労働者の時間外・休日労働、深夜労働、危険有害業務への就業を「男子なみ」にすることだとし、それは「エリート女性など、一部の女子の希望を満足させるかもしれないが、女子労働者の健康と家庭生活を破壊する」と訴えた（松岡　一九七九ｂ：二〇―二二）。

『保護と平等　婦人労働者の自立のために　労基研「報告」を衝く』という書籍も刊行された。労働科学研究所所員で社会政策学会代表幹事を務め、その当時は日本女子大学教授であった藤本武も、「ＩＬＯの見解は慎重であるのに、この『報告』はいとも大胆に断定している」ことや、「『平等』の内容については具体的に示さず、スローガン的にのみ」解説されるに留まる一方で、「労働保護の撤廃については誠に具体的」と批判した（藤本　一九七九：一三一―一三二）。

さらに重要なのは、労基研報告に先立つ専門委員報告の委員である斉藤一も論文を発表したことである。斉藤は労基研報告が「女子労働をめぐる変化に、健康上からも問題があることには、一言も言及していない」と断言した（斉藤　一九七九：八四）。労働科学研究所の豊富な研究結果を示しながら、特に月経については、労基研報告が健康のために行われるスポーツと労働現場での身体活動の在り方とを「混同」しており、「月経前・中の苦痛を増強することのある現代作業条件」を「まったく無視し去ることから短絡的結論を導いている」と強く批判している。斉藤は、月経困難症は医療を主眼とするとともに、月経時に限らず労働環境が改善されるように「通達による強力な指導」が行われることの方が「労働医学的には正当な方向」であるとした。その観点からならば生理休暇の廃止を考えて良いと論じている。そうすることによって「女子労働者の健康問題は、月経異常をふくめて改善がみられる」だろうと述べた（斉藤 一九七九：九二―九三）。

当時発表された論文は無数にあり、東京都立大学の籾井常喜も、もし保護「抜き」平等志向の報告書の提言が具体化されれば、女性労働者の「圧倒的部分にとっては」、「『保護』抜き差別的婦人労務管理の現実的貫徹という、ふんだりけったりの結果」となるであろうことを論じた（籾井 一九七九：一九）。当時、浅倉むつ子も、作業環境や労働時間が改善されても通勤の困難があるかもしれないことを論じた。また、諸外国並みに休暇が自由に取得でき査定にも影響しなくなって、有給休暇を取らない方が異常だという雰囲気が社会全体に広がれば、生理休暇はなくても良いかもしれないが、日本では期待できないとした（浅倉 一九七九：四三―四四）。

以上は労基研報告に対しての大いなる批判の一端である。しかし、政府は女子差別撤廃条約の批准のために、以上のような批判については積極的に顧みることなく男女雇用機会均等法の制定のために突き進んだと言える。日本では、一九七五年の国際婦人年世界会議の終了後、内閣総理大臣を本部長として、婦人問題企画推進本部を発足させた。さらに、内閣総理大臣の私的諮問機関として婦人問題企画推進会議が設置された（赤松 一九八五：一一八―一二一）。

一九七九年に「女子に対するあらゆる形態の差別の撤廃に関する条約」（以降、略称の女子差別撤廃条約を用いる）が採択され（赤松 一九八五：五三）、一九八〇年の世界会議の会期中には署名式が行われた（赤松 一九八五：一二三）。日本も署名するにあたり、一九八〇年六月に婦人問題企画推進本部において、国連婦人の十年の最終年にあたる一九八五年までに同条約を批准できるよう、諸条件の整備に努める旨、申合せが行われた。この申し合わせに則って国内法制等諸条件の整備が行われ、それが国籍法及び戸籍法の改正、高等学校における家庭科教育の男女共修、そして雇用の分野における女子に対する差別の撤廃であった（赤松 一九八五：一二三―一二五）。

労働大臣の諮問機関の婦人少年問題審議会婦人労働部会が一九八四年三月に提出した部会報告をもとにした建議は、公益側、労働者側、使用者側の意見が分かれ三論併記、あるいは少数意見が付記される異例のものだった（赤松 一九八五：一六六―一七一）。労働省は建議をふまえ「雇用の分野における男女の均等な機会及び待遇の確保を促進するための関係法律案（仮称）要綱（案）」をまとめた。国会に提出された要綱は一九七二年に制定された「勤労婦人福祉法」の一部改正であった（赤松 一九八五：一七二―一七三、一八九）。生理休暇は労働基準法の一部改正の中で「生理日の就業が著しく困難な女子に対する措置」とされた（赤松 一九八五：一九六―一九八）。

赤松は、均等法制定時に出版された解説書の中で、使用者側には、「女子保護規定については全面的な廃止を求める声が消えなかった」と記している。一方で労働者側は、「女子保護規定の存続を固執して譲らなかった」とやや労働者側に対して厳しい表現で述べている（赤松 一九八五：ⅶ）。先述の一九六一年の社会政策学会では「婦人労働者の保護」について鋭く問題点を指摘した赤松にも、使用者側との間に立ち、保護を主張する労働者側への厳しい態度を見せる変化があったように窺える。

塩沢美代子は、自身が労働問題に取り組んだ長い年月の中で、最もショックを受けたのは、労働基準法の「抜本的な改悪の第一弾」であったという（塩沢 二〇一〇：二二六）。塩沢は、当時の労働省婦人少年局は、東大卒で公務員の上級職の資格を持つ女性が多かったことを振り返っている。戦前生まれの彼女の時代には許されなかった男女共学が戦後に実現し、東大にも女性が入学できるようになったことは、女性解放の大きな要素だった。しかしながら、その結果として生まれた女性エリートによって、多数の女性たちが苦しめられるような労基法の改悪がなされようとしていることに、「歴史の皮肉」を感じたという（塩沢 二〇一〇：二二八―二三四）。

また、保護と平等の論争の論者にも、数年間の中に論調の変化があった。籾井は、先述した通り一九七九年時点では労基研報告の問題点を衝く強力な論者であった。しかし、一九八四年には過去の別の労働運動での挫折を例に挙げ、政府自身が女子差別撤廃条約の批准期限に向けて立法作業に取り組んでいるという「絶好の機会」を逸してはならないとした。そのうえで、「婦人労働運動の発想の転換を試みるにふさわしい時機」だと「割り切るべき」だと論じたのである（籾井 一九八四：一四―一六）。それは、保護抜き平等の立場に変化したと言えるものであった。

最終的に、労働省が作成した法律案は、一九八四年五月一一日に閣議決定され、五月一四日に第一〇一回特別国会に提出された。それに対して七月一〇日には社会党、公明党、民社党、社民連の野党四党の共同で「男女雇用平等法案」が提出された。また、共産党および自民党からも、それぞれ政府提出法案に対する修正案が提出された。しかしながら、結果として、自民党修正の政府提出案が衆議院本会議にて賛成多数で可決した（赤松 一九八五：二二一―二二七）。第一〇二回国会になり、自民党修正案が参議院本会議で可決され、五月一七日に成立することとなった（赤松 一九八五：二三〇―二三二）。〈妥協の産物〉としての均等法が生まれたのである。

第四節　女子差別撤廃条約の解釈の問題点

赤松は解説書の中で、女子差別撤廃条約が、それまでの女子差別撤廃宣言やＩＬＯ第一一一号条約と異なる考え方だったのは、母性保護は差別とみなしてはならないとする一方で、女子一般に対する保護は解消を求めるところだったという（赤松 一九八五：五四）。そのため、「母性保護措置以外の労働基準法の女子保護規定については、究極的には廃止する必要があります」と述べている（赤松 一九八五：一四七）。しかしながら、当時から、この女子一般に対する保護の解消、言い換えれば男性との格差解消の方法については、別の方法もあったのである。それは、女子差別撤廃条約の前文でも以下のように記されていることからも合点がいくだろう。

社会及び家庭における男子の伝統的役割を女子の役割とともに変更することが男女の完全な平等の達成に必要であることを認識し、女子に対する差別の撤廃に関する宣言に掲げられている諸原則を実施すること及びこのために女子に対するあらゆる形態の差別を撤廃するための必要な措置をとることを決意して、次のとおり協定した。

つまり「男子の伝統的役割」も変える必要を明記しているのであり、女性に対する保護を撤廃して男性と同条件にするのではなく、男性の労働環境を見直すことにより平等を図ることも可能であった。この論点を、総評の幹事であった山本まき子は当時既に主張している。山本は一九七五年のＩＬＯ六〇総会で、ＩＬＯが、母性保護を除く女性のみに適用されるすべての保護法令を、最新の科学知識に照らして各国の必要性と状況に応じて「改正、補足、全労働者への適用または廃止」をするよう再検討するように提案していることを指摘した。山本は「男女差別をなくす手段として、婦人保護をなくすという二者択一的な考えは後退」だと断じた（山本 一九七五：二八―二九）。

神尾は「保護と平等論」の「問」の主たる目的は、一般女性保護の廃止にあり、保護か平等かと問いかけてはいるものの、男女雇用平等を推進していく意思はなかったと指摘している。つまり、一九七九年の女子差別撤廃条約が一般女性保護の廃止を締約国に求めているかと言えば、実はそうではなかった。労働者の健康と安全を保障するための保護は、母性保護を除き、原則として男女平等なものでなければならないとする考え方に基づいているが、そのような考え方での立法論の選択肢は二つあった。一つは一般女性保護の廃止、もう一つは、一般女性保護基準を男性の労働条件に拡大することである。実のところ、労働省の解釈は後者の選択肢を提示していなかった。神尾は、通説の立場では、憲法一四条一項である法の下の平等は、等しいものは等しく、等しくないものは等しくないように扱う、という相対的平等を意味すると解すると指摘し、労基法の一般女性保護は合理的な理由による異なる取り扱いであって違憲ではないと論じている。しかし、使用者側の「保護と平等論」にメディアもまた乗っかって報道したのであり、労働者側の論点は顧みられなかった（神尾 二〇一八：一八一―一八六）。

男性側の労働環境は変えずに、〈男並み〉に女性を合わせようとした日本の均等法の制定は、生理休暇などの保護が利用しづらくなったことだけではなく、その後の日本におけるジェンダー平等の実現を阻む大きな課題を残すこととなった。それは、労働時間に関する規制緩和と、深夜業の女性への解禁を代表とする問題である。さらには、均等法に対応するために大企業を中心に行われたコース別雇用管理制度をもたらすとともに、その後の非正規雇用の増大をもたらす労働者派遣法に繋がる一連の雇用の弾力化政策に繋がっている。均等法は、女性に対して職業選択の幅を広げた一方で、均等法制定後に日本の女性労働者に目指されてきたのは〈男並み〉の働き方であった。つまり、男性労働者が行ってきた働きすぎの状態を女性労働者にも適用しようとした面が強かった。それは、男性も女性も「ケアレス・マン」（杉浦 二〇一一：一〇七）つまり、労働力の再生産に必要な家事や育児・介護などの家庭内でのアンペイド・ワークをしない労働者を目指すような政策であった。我々は本書の第一章で、家庭内でのアンペイド・ワークを担う者のジェンダーバイアスについて検討したが、それは実は均等法によって強固にされてきたと言える。

第五節　労働者の健康の権利を守るためには

以上のように、戦前の女性労働運動の成果と、戦争を経た敗戦直後の労働環境に関わる様々な要因が、生理休暇を労働基準法に制定させることとなった。一九五〇年代以降、女性労働者たちは母性保護を守る運動を展開させ、合理化の攻撃から生理休暇の権利を守ってきたと言える。しかし、女子差別撤廃条約の批准のために均等法を制定するための議論の中で、生理休暇の取り扱いの方向性は変化した。労働大臣の私的諮問機関である労働基準法研究会第二小委員会の発表した一九七八年の「労働基準法研究会報告（女子関係）」によって、生理休暇は母性保護とは異なる「一般女子の保護」と位置付けられ、解消していくべきものとされてしまったのである。女性と男性との平等は、男性の労働環境における待遇を見直すことによって図ることも可能だったことは顧みられなかった。その後の生理休暇の取得状況の一例として全国労働組合総連合（全労連）で行った調査によれば、月経の苦痛のある者が約四五％ほど存在する一方で、生理休暇を「とらない、とれない」人は一九九二年には六四・八％、さらに二〇〇二年には七三・九％に上昇している（「全労連女性部のあゆみ」編集委員会 二〇〇六：九八）。

さて、今後の生理休暇の在り方を検討するにあたり、神尾は、一般女性保護と母性保護の再検討が必要であると主張し、生理休暇は「生理という妊娠・出産機能を保護するもの」として母性保護と解されるものであるとしている（神尾 二〇一八：一八八—一八九）。しかしながら、筆者はそれに疑問を持っている。現代日本において、むしろそれは女性だけの権利として主張していくよりも、性別にかかわらずすべての労働者に適用される労働力の再生産を保障するための権利として改められていくべきではないだろうか。

労働力の再生産の保障をする、つまり、労働者が明日もまた健康に働けることを守るための権利として、生理休暇をはじめとして、体調を崩した時に労働者が気兼ねなく休めるようにする政策が必要である。それは、性別に関係なく、全ての労働者に認められるべきものである。赤松常子は敗戦直後の労働基準法における生理休暇の制定にあたり、女性労働者の労働環境の改善や、健康を害した時の休養・休暇の取得など労務管理の改善を重要視していた（堀川 二〇二二：一二七—一七七）。その観点は現代でも示唆に富み、現代日本では労働者の健康を守るために労働環境そのものが改善されることが重要なのである。それは、単に性別に関わりなく取得できる病気休暇を有給化しよう、といった法改正だけでは実現しない。絵に描いた餅にならないためには、気兼ねなく休むというのが労働現場の中で可能にならなければいけない。寸分の狂いなく働かなければ計画が狂ってしまう業務設計で、タスクに対してギリギリの人員で運営されているような労働現場ばかりでは、到底気兼ねなく休む労働者は増えないのである。

赤松良子は一九五九年の社会政策学会で「問題は、保護による負担をおぎなって余りある程低れんな婦人労働者の賃金であり、そして保護があろうがなかろうが十年一日の如き単純労働から浮かび上ることのできない婦人労働の実態の方にあるのではないだろうか」（赤松　一九六一：一五一）と指摘した。母性保護のための経済的負担は社会全体が負うべきものであり、女性労働者の賃金が甚だしく引き下げられている状態の下では、生理休暇を有給にしたとしても男性との賃金のバランスは回復しないと指摘した。その観点で当時、労働組合の要求によって、生理休暇を有給にしているのは意義のあることと評価し、無給にすることを是とするには男女同一労働同一賃金を実現することが「不可欠の前提」だと述べている。ただし、さらに重要な指摘は、有給で「事足れりとするのではなく」、賃金格差の解消とともに、その期間の経済的な負担は国家的な制度で行わせ、その代わりに私企業には「交替要員を用意させる」ことによって、「休暇そのものをとり易くするという方向に運動を進めてこそ」だとしている点である（赤松　一九六一：一五二―一五三）。

この提案を現代の労働環境に接続するならば、労働力の再生産のために必要な三日以内の病気休暇も社会保険の対象とし、社会的扶養の範疇として財政的な面は国家が負担し、性別に関係なく利用できる病気休暇の整備を行うのはいかがだろうか。尤も、本来は病気になってしまう前に健康を維持するために取得できる休暇がベストである。また、代替要員の用意には非正規雇用の増大につながることを避けなければならないほか、現代の多種多様な労働現場に適した方法を検討せねばならず、整備の実現は容易ではない。

労基研報告について、当時、全電通婦人部長の坂本チエ子は「男女平等に名をかりた、労働条件引き下げ以外の何ものでもなく、そのことによって、不安定雇用の拡大や、結果として婦人の職場からの締め出しとなりかねない」と指摘した（坂本 一九七九：一二五三）。ジェンダー平等は、男性vs女性の闘いではなく、労働者が一丸となって使用者側や国家に対して求めていくものであるとともに、すべての労働者のディーセント・ワークと同時に築かれなければならない。

豊田が論じたように、占領期においてGHQ側は、男女共通の病気休暇を主張した（豊田 二〇〇七：一二六）。ただし、合理化反対闘争の時代に橋本が論じたように、日本の長いジェンダー平等を目指す歴史の歩みの中で、母性保護はその「前提」であった。だから、労働基準法制定時に、初めから生理休暇ではなく病気休暇にしておけば良かったということではなく、その時代その時代に即した形で、我々はジェンダー平等に適う制度を模索すべきなのである。労働者の多くが健康を害しながら働いている現時点の日本では、生理休暇は労働環境改善の突破口になるかもしれない重要な制度である。ただし、生理休暇のこれからの在り方を考える時には、トイレ環境の向上であったり、生理用品の進化や、医薬品をはじめとした月経の処置に関するバリエーションの豊富化であったり、現代社会の他のファクターにも目配りをしなければならない。一九二〇年代に生理休暇が初めて要求されたころと、現代とでは、生理用品は飛躍的な進化を遂げている（田中 二〇一三）。生理休暇の歩んだ歴史は社会の物的諸条件に左右されるものであり、労働環境の変化のみで生理休暇の是非は論じられないことを付記しておきたい。

また、戦後日本の月経研究の第一人者であり、一九七四年の報告書を提出した専門委員の一人でもある松本清一は、月経を肯定的に捉えるか否かが日常の生活にも影響し、「一生の身体的、精神的、並びに社会的健康」にも関わってくると述べ、包括的セクシュアリティ教育の重要性を指摘した（松本二〇二一：一〇四、一六〇）。しかし、均等法制定後のこの数十年間に、一九七四年の専門委員報告にあったような、月経困難症の者の適切な治療が進んだかと問われると、それも進んでいないように思われる。そもそも日本では、度重なる性教育バッシングにより（堀川二〇二三）、女性の身体の健康について医学的なアプローチを適切に取れるような教育を施してきてはいない。月経対応は、医療サービスや医薬品等様々な対策商品を受容するだけではなく、生涯にわたった健康に関する教育によっても大きく変化する可能性がある。

現代社会を生きる我々はセクシュアル・リプロダクティブ・ヘルス／ライツという、ジェンダーやセクシュアリティに関わる健康と権利に対する新しい概念を持っている。だからこそ、性別にかかわらず自分たちの健康に関する知識を互いにもち、それを維持するための労働者の権利を能動的に守らねばならない。性別にかかわらず労働者が健康を保ちながら働けるようになり、生理休暇が真の意味で〈消える〉日が来ることを目指したい。

さて、本章では労働者の健康の権利について検討してきたが、過去には肉体をも〈男並み〉にしないと一人前とみなされない女性労働者たちがいた。第三章では、極限の〈男並み〉を求められた女性の港湾労働者について見ていこう。

謝辞　本章の執筆にあたり、資料のご寄贈だけでなく、当時の運動や論争の様子を詳らかにお教えくださった橋本宏子先生に心より御礼申し上げる。当時を生き、女性労働者と共に闘った先生が、資料に色や温度を与えてくださったことに深く感謝したい。

〈注〉

（1）厚生労働省（二〇二一年七月三〇日）「『令和二年度雇用均等基本調査』の結果概要」https://www.mhlw.go.jp/toukei/list/dl/71-r02/07.pdf（二〇二四年三月二八日閲覧）。

〈文献〉


赤松良子（一九六一）「婦人労働者の保護」社会政策学会編『婦人労働』有斐閣。

――（一九八五）『詳説　男女雇用機会均等法及び改正労働基準法』日本労働協会。

浅倉むつ子（一九七九）「『労基法の女子に関する規定の基本的問題について』の労基法研究会報告を批判する」『労働法律旬報』（九六七・九六八）：三七―四五。

――（一九九一）『男女雇用平等論――イギリスと日本』ドメス出版。

有泉亨（一九七九）「女子労働者の保護と平等」『季刊労働法』（一一一）：四―一一。

篭山京（一九七九）「婦人労働の保護と婦人の権利（私の視点）」『季刊労働法』（一一一）：二―三。

神尾真知子（二〇一八）「男女雇用平等に立ちはだかった『保護と平等論』」浅倉むつ子・萩原久美子・神尾真知子・井上久美枝・連合総合生活開発研究所編著『労働運動を切り拓く――女性たちによる闘いの軌跡』旬報社、一五七―一九一。

川口和子（一九七五）「〝婦人労働者の機会及び待遇の均等〟ＩＬＯ報告の意義と問題点」『労働法律旬報』（八八二）：二九―三三。

斉藤一（一九七九）「医学からみた『保護と平等』」労働教育センター編『保護と平等――婦人労働者の自立のために　労基研「報告」を衝く』七八―一二一。

坂本チエ子（一九七九）「全国電気通信労働組合：生休闘争の歴史をほうむらせまい」労働教育センター編『保護と平等　婦人労働者の自立のために　労基研「報告」を衝く』二四五―二五三。

桜井絹江（一九八七）『母性保護運動史』ドメス出版。

佐橋恭子（一九七二）「『母性保護』について」『婦人問題懇話会会報』（一七）：三八―三九。

塩沢美代子（二〇一〇）『続　語りつぎたいこと――日本・アジアの片隅から』ドメス出版。

嶋津千利世（一九六二）「特集　合理化反対のたたかい　一年間のあゆみ――危機に立つ婦人労働者」『月刊総評』（臨時号）五六―六六。

女子労働問題研究会共同執筆（嶋津千利世・川口和子・桜井絹江・隅内徳子・橋本宏子・本多信子・松尾多賀）（一九六二）「合理化と母性保護運動」『労働運動史研究』（二九）：一―三五。

杉浦浩美（二〇一一）「『労働する身体』とは何か――『ケアレス・マン』モデルからの脱却」東京家政大学人間文化研究所『人間文化研究所紀要』四：一〇一―一〇七。

「全労連女性部のあゆみ」編集委員会編（二〇〇六）『明日をみんなのちからで――全労連女性部結成とそのたたかい』全国労働組合総連合女性部。

武谷雄二ほか（二〇〇一）「リプロダクティブ・ヘルス（性と生殖に関する健康）から見た子宮内膜症等の予防、診断、治療に関する研究」『厚生科学研究（子ども家庭総合研究事業）平成一二年度研究報告書』。

多田とよ子（一九七五）「『自立』と『人間の尊厳』をかけて――国際婦人年・戦後三〇年とわれわれの課題」『労働法律旬報』（八八二）：二一―二四。

田中ひかる（二〇一三）『生理用品の社会史――タブーから一大ビジネスへ』ミネルヴァ書房。

豊田真穂（二〇〇七）『占領下の女性労働改革――保護と平等をめぐって』勁草書房。

橋本宏子（一九六二）「搾取から母性を守るために――生理休暇の問題を中心に」『月刊総評』（臨時号）：六七―七三。

藤本武（一九七九）「労働時間と婦人労働」労働教育センター編『保護と平等　婦人労働者の自立のために　労基研「報告」を衝く』一三一―一四四。

堀あきこ・関めぐみ・荒木菜穂（二〇二〇）「男女雇用機会均等法が取りこぼした『平等』を問い直す――大阪の女性労働運動に着目して」フォーラム　労働・社会政策・ジェンダー編『働くこととフェミニズム　竹中恵美子に学ぶ』ドメス出版。

堀川修平（二〇二三）『「日本に性教育はなかった」と言う前に――ブームとバッシングのあいだで考える』柏書房。

堀川祐里（二〇二二）『戦時期日本の働く女たち――ジェンダー平等な労働環境を目指して』晃洋書房。

松岡三郎（一九七九ａ）「労基法研究会報告書の検討」『季刊労働法』（一一一）：一二―一九。

――（一九七九ｂ）「資本の女子差別政策と労基法」労働教育センター編『保護と平等　婦人労働者の自立のために　労基研「報告」を衝く』七―二一。

松本清一（二〇〇四）『月経らくらく講座――もっと上手に付き合い、素敵に生きるために』文光堂。

――（二〇一一）『月経研究から性と生殖の健康と権利へ』自由企画・出版。

籾井常喜（一九七九）「差別的婦人労務管理にこそメスを」『労働法律旬報』（九六七・九六八）：一八―二〇。

――（一九八四）「男女雇用平等立法要求運動にいま問われているもの」『労働法律旬報』（一〇九七）：九―一六。

山本まき子（一九七五）「ＩＬＯ六〇総会と婦人労働者の課題」『労働法律旬報』（八八二）：二五―二九。

――（一九七六）『総評婦人二十五年の歴史』日本労働組合総評議会婦人対策部。

吉兼幸子（一九五七）「母体保護のこと」全国電気通信労働組合中央本部『明日へのあゆみ　第六回母体保護運動強化月間つづり方集』三六―三九。

労働基準法研究会第二小委員会（一九七四）『医学的・専門的立場から見た女子の特質――労働基準法研究会第二小委員会専門委員報告』。

――（一九七八）『労働基準法研究会報告（女子関係）』。

Nakayama, Izumi.（2007）*Periodic Struggles : Menstruation Leave in Modern Japan*. Cambridge, Massachusetts, Harvard University, Ph. D. thesis.

（堀川祐里）

第三章

労働災害から身体を守る
――女性港湾労働者による労災防止の営み

港湾産業や建設産業などで働く人たちのなかには、かつて「ケガと弁当は自分もち」という慣習が存在していました。これは福利厚生の不十分さを表現していると同時に、職人たちのなかに仕事中にケガをするようでは一人前とは言えないのだから自ら責任をとるという職業意識も含んだ言葉です。このような意識は男性職場で男性並みに働く女性たちにも浸透していました。皆さんもアルバイトのケガを自分のスキル不足によるものとされていませんか。しかし、職場で負ったケガの責任は労働者にあるのでしょうか。なぜこのような慣習が定着したのか、本章の題材から考えてみてください。

第一節　労働災害を防ぐ女性港湾労働者たちの協同と熟練

本章で取り上げる関門港（北九州と下関の間の港湾）の港湾荷役労働者は、戦前から一九七〇年代頃まで全国の主要港湾に比べて女性就労者数が多く、男性と同じように重筋労働かつ危険労働に従事しているという特異性がある。就業している職種は他の港湾で見られる針仕事（荷役袋の修繕）ではなく、関門港では港湾荷役業（港湾の岸壁や湾内の沖合に停泊する船舶において貨物の引揚げや積み込みを行う輸送業種）の主要職種である沿岸荷役や船内荷役に従事していた。本章では、そうした関門港における女性港湾労働者の特徴とその過酷な労働現場を対象として、終戦後から一九七〇年代までの時期における港湾作業に伴う労災の発生状況と労働者たちによる労災への対応を検討する。そのときに、労働者自身による作業経験や協業労働による労災防止の取り組みと、他方で労災の発生を不熟練者の証として顕在化させない労働者の熟練技能の捉え方について焦点を置いて分析する。

第一章では女性労働において労働問題が個人化されて温存される構造をレジリエンスという概念から分析され、第二章では生理休暇の問題が母性保護という議論の枠に押しとどめられてきたことを課題として、性別に関わらない労働者の健康について議論を開くため、セクシュアル・リプロダクティブ・ヘルス／ライツの観点から分析されている。本章においても職場でのケガや健康被害が労働災害や労働安全の問題として捉えられずに、労働者の熟練不足として矮小化される問題を女性港湾労働者が置かれていた社会構造を踏まえて分析する。

一　港湾産業における労働災害

労働災害は、労働安全衛生法において「労働者の就業に係る建設物、設備、原材料、ガス、蒸気、粉じん等により、又は作業行動その他業務に起因して、労働者が負傷し、疾病にかかり、又は死亡すること」（二条一項）と規定されている。労災により就労の中断にとどまらず、重度の災害となれば生涯にわたり後遺症や労働不能になる場合がある。特に本章で取り上げる港湾産業の場合においては、荷役貨物が重いものが多く、高所作業や海上作業、大型の荷役機械や荷役貨物との接触によって重大な労災事故が発生する。このような港湾産業の荷役労働の特性や労災状況を踏まえつつ、関門港の女性港湾労働者たちが自主的に取り組んだ労災防止の活動や労働組合を通じた改善活動に焦点を置く。そして、女性港湾労働者たちの労災防止活動が様々に取り組まれた背景に、協業労働という性格とともに日雇雇用ではありながら労働市場における固有の慣習から固定された就労者による顔見知りの関係性があることを明らかにする。

港湾労働における労働災害について、体系的に取り扱ったものとして安井二郎・鈴木繁・松尾光芳・古西信夫（一九七二）の研究がある。安井らは北海道の各港湾を対象として、全国的にも労災発生率が低い北海道の労災発生状況を分析することで、労働災害の成因分析を行っている。そこでは、安井らは図式的な理解となっていることについては断りつつも、労働災害の成因について、（一）労働者、（二）労働者意識、（三）環境、（四）資本家意識の四つがかけ合わされて発生するものと理解している[1]。そして、安井は北海道における石炭荷役が最初に整備された苫小牧港を分析し、研究動向の中で労災発生の成因として次第に強調されるようになったのは（三）環境や（四）資本家意識であると指摘する。苫小牧港においても労災発生率の低さは、環境すなわち港湾施設・作業設備、企業の性格（企業集約による経営基盤安定）、労働者の性格の近代化（常用化）、労働条件、労使関係、作業条件、生活条件などや資本家意識の近代化によって実現しているものと結論付けている。

また、安井らは関門港を含む六大港では日雇労働者が多く、港湾における労働ボス（労務手配師）による労働供給の支配が労災発生の一因と主張している（安井ほか 一九七二：九四）。この点において、苫小牧港では近代的労務管理（企業との直接契約）が徹底され、零細下請企業が少ないために日雇労働者も相対的に少ない。安井らは、日雇労働者は傾向的に荷役経験年数が低く、「六大港では、日雇依存率と労災数がほぼパラレルに動いている」（安井ほか 一九七二：九三）と指摘する。

こうした安井の指摘には賛同するものの、本章で取り上げる関門港の女性日雇労働者たちは日雇労働者としての労働生活が長く、港湾における労働ボス支配は形を変えて残存するが相対的に作業現場における労働者の自立性が確認できる。その中でも労災は発生しているのである。したがって、安井らが強調する労災発生の成因として構造的な視点や階級間の力関係は踏まえつつも、関門港の女性日雇労働者たちにおける労災発生を分析するためには熟練した日雇労働者たちの（二）労働者意識を分析視角として重視してみていく必要がある。

二　関門港における労働災害の特徴と熟練の含意

関門港の女性日雇労働者たちは継続した就労生活を送り、労働者間で労災を防止する相互関係や職業意識が形成されていた。その中では労働災害の被災は技能の無さを象徴するものとして会社や仲間内にも露見することを避けており、結果的に労災に対する最低限の対応策と身体的精神的な耐久力によって表面化しないようにしていたのである。すなわち、関門港の女性日雇労働者の場合に労災が発生し続けているのは、日雇という雇用形態に特有な習熟度の低さからではなく、労災を防ぐ方法やケガに耐えうる頑強ささえも技術の一つとして捉えられており、習熟度の問題として回収されることから労災は労働者の仕事意識の問題として処理されるために継続して発生するのである。

本章では、終戦後から一九七〇年代までの時期における関門港の女性日雇港湾労働者を対象に労働災害が発生する要因について取り上げるとともに、労災がどのように個人の技量の問題として回収されるかも取り上げる。また、その中で形成された女性港湾労働者たちの労災防止の取り組みについても検討を行う。そうした労災防止の経験は、個人の中に蓄積される勘やコツなどに含まれるものから

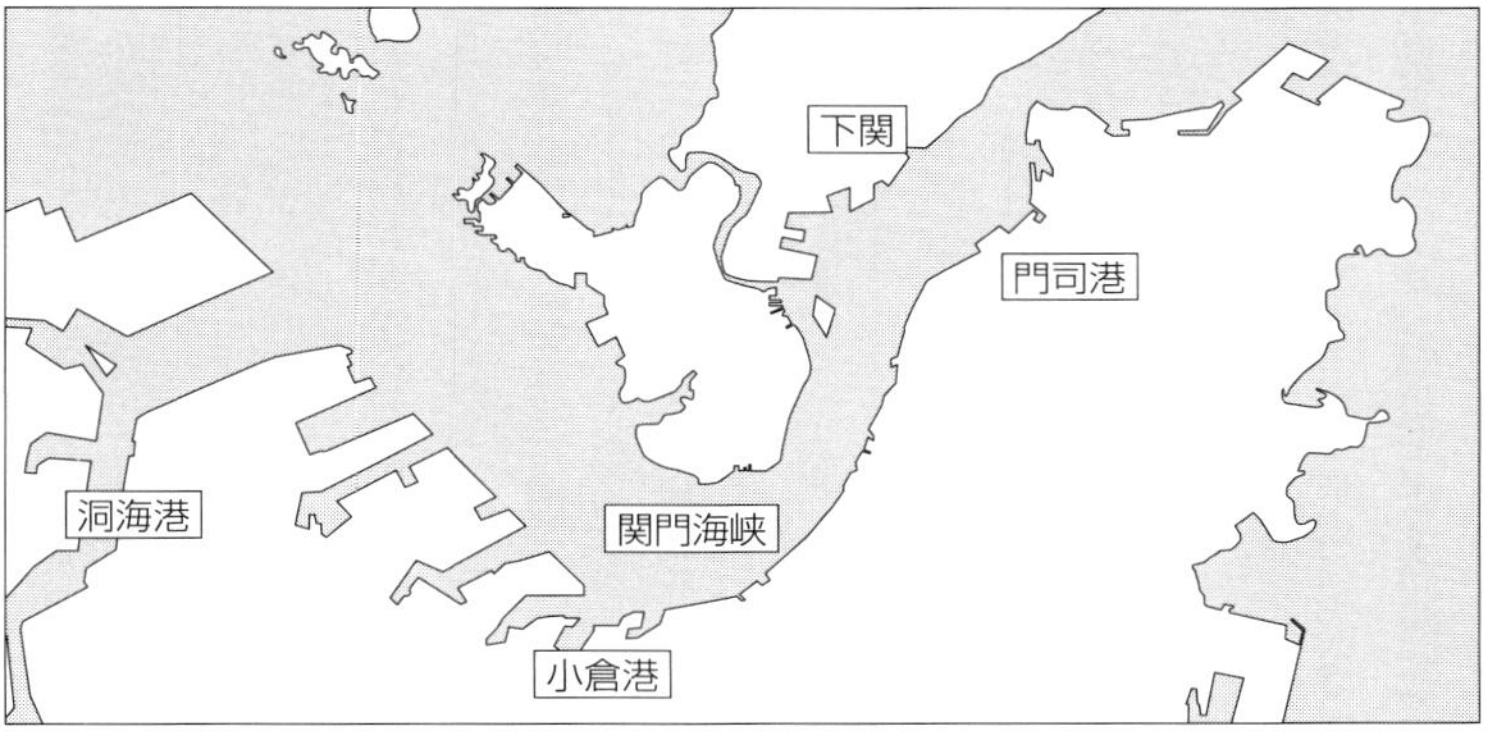

図3－1　関門港周辺地図

仲間内での取り組みまで様々なものが生み出されている。これらが生み出される背景には、仲間同士の関係性における技術をめぐる厳しい眼差しがあることも指摘をしたい。

本章では、関門港の女性日雇港湾労働者たちへの多くの取材を行ったルポライターの林えいだい氏（Eidai Hayashi、一九三三―二〇一七）の著作や『取材ノート』を用いることで、労働者たちの働き方、労災の実態、労災を防止する営みについて分析を行っていく。

第二節　関門港の女性港湾労働者と労働災害

一　関門港の地理的位置と港湾荷役貨物

関門港は、日本においては六大港の一港として九州・山口の玄関口に位置している。港湾法上は関門海峡を挟んで対岸に位置している下関港と北九州港（門司港・小倉港・洞海港）を総称した地域を指している（図3－1参考）。

関門港を構成する北九州港は一七〇キロメートルにおよぶ臨海部を展開している。本州との結節点であるとともに大陸貿易の拠点として発展してきており、その始点となるのが門司港である。近世の時代から小倉の豊前国細川藩の軍港と殖産興業政策の拠点として小倉港が築港整備され、筑前国黒田藩の年貢米や石炭の積出港として洞海港が発展した。明治に入ると内外の物流環境と産業立地に対応しながら港湾別に機能特化され、門司港は日本最大の外貿港、洞海港は一九〇一年に操業される官営八幡製鉄所を中心とする北九州工業地帯を支える工業港、小倉港は城下町として発達した小倉を支える商業港としてそれぞれ成長した（柴田 一九九六：八二）。

しかし、エネルギー政策が石炭から石油へと転換され北九州経済圏の衰退や輸送環境の変化とともに荷役需要も減少していった。港湾荷役を担う労働者たちも一九七〇年代頃から男女ともに日雇港湾労働者は減少を始め、二〇〇〇年の新港湾労働法の改正によって港湾の労働者派遣業務が廃止されたことで日雇労働者は港から姿を消すことになった（神崎 二〇一八：一七九—一八一）。

二 関門港の女性港湾労働者

全国的にみても女性港湾労働者が多いのが関門港の特徴であり、林が取材した舘新平（全日本港湾労働組合関門支部マル船分会で書記長を務めていた人物）[2]によれば「その特殊性は、ごんぞう（※日雇港湾労働者の関門港における通称）の名残り、バンカの名残り、石炭の積出し港、石炭が最初で、バラモノ（※梱包されていない貨物）まで（北九州工業地帯）入って来たということ。流れ込んできた。港湾業者は儲けている。（※女性港湾労働者の）安い賃金、重労働—それを裏返せば、男の賃金の足を引っ張っとることじゃないか。といわれたことがある。」（林『取材ノート』：三一。（ ）は原文ママ、（※）は引用者）と述べている。

ここで舘が指摘しているのは、貨物と荷役方法の特徴と、女性日雇港湾労働者の賃金の低さである。

関門港で多く荷役された石炭は積み降ろしの際に、二五～二六人のギャングというグループでの荷役となり大量に人出を使うので、多くの日雇労働者を必要とした。また、男性賃金に比べると女性賃金は低めに設定されており、船内荷役の基準内賃金が男性日雇は熟練度別に特Aが七七二円、Aが七三九円、Bが七〇六円であり、女性日雇はAが六一八円であった（門司港労働公共職業安定所 一九七〇：四五）。加えて日雇であれば業務が無い日のアブレ（休業）手当が免責され、間接労務費（常用であれば社会保険各種、賞与、退職金、一般福利費など）も日雇であれば労災保険・賞与（支給の場合）・一般福利費のみで済ますことができる（喜多村 一九六四：二二六―二二七）。

そのため、女性日雇港湾労働者を大量に雇入れることで、港湾運送事業者は多くの利益を得ることができたのである。こうした男女間の賃金格差は一八九八年時点から確認されており、当時の門司港の女性港湾労働者が男性賃金の六掛け（六〇％）とされていた（北九州市女性史編纂実行委員会 二〇〇五：一八二）。しかし、それでも多くの女性たちが港で就労していたのは、公共職業安定所で紹介される日雇仕事のいわゆる「にこよん」[3]よりは賃金が高かったためであり、「夫婦　家族一緒になった　好んでまでやった。生活（主人だけでは）低賃金」（林『取材ノート』：五）というように夫が家族賃金を稼ぐことが困難であるために夫婦や家族で港湾労働者として働き世帯収入を確保するためであった。

終戦後の門司市の女性労働者たちの産業別就業者数を見ると（表3-1）、商業、農業、製造工業、運輸・通信などが多いが、女性日雇労働者たちの産業別就業者数を見ると（表3-2）、建設業と運輸通信及び公益事業が突出して多くなっている。戦後の門司ではこの二つの産業に日雇労働者が集中し、失対事業等の建設業よりも高い賃金を求める者は港湾労働（運輸部門）を選択していたことが分かる。

表３－２　産業別，女性日雇労働者就業数（1953年１～６月）

産業別	女性の就業者数（人）
農業	—
林業	—
水産業	—
鉱業	—
建設業	60,878
製造工業	4,959
卸売及び小売業	26
金融及び保険業	0
運輸通信及び公益事業	47,713
サービス業	61
公務	1,735
分類不能の産業	—
合　計	9,858

出所：門司市役所経済部産業課編（1954：231）を修正して作成。
原数値は門司職安『調査統計資料』昭和28年１～６月。

表３－１　就業人口の産業別構成比（1947年10月１日時点）

産業別	女性の就業者数	
	就業者総数（人）	従業中の就業者数（人）
農業	1,799	38
林業	19	8
水産業	36	10
鉱業	138	133
土建業	113	107
製造工業	1,651	1,467
ガス，電気，水道	59	58
商業	1,847	739
金融業	295	274
運輸，通信	1,476	1,438
サービス業	1,037	561
自由業	756	607
公務及団体	366	366
その他産業	266	247
合　計	9,858	6,053

出所：門司市役所経済部産業課編（1954：225）を修正して作成。原数値は総理府統計局『臨時国勢調査』昭和22年。
※就業者で従業中のものには無休の家族従業者を含み，就業者のうち従業中でない者は休業中のものである。

三　港湾荷役における労働災害と行政機関や業界団体による労災防止機能の不十分性

港湾産業における労働災害は戦後から統計上は減少傾向にあったものの、高度成長期前半の時期からこの傾向は鈍化している。数多くの港湾産業調査を行った喜多村（一九六四：一九三）は、この貨物需要が急増する時期の労災状況について、港湾労働のなかで最も労災発生率が高い船内労働では全産業との比較で約六倍となっていることを指摘する。ここでは関門港の女性港湾労働者たちが中心的な担い手であった船内の荷役労働においてどのように労災が発生していたのかを確認する。

（一）長時間労働と荷役機械の導入による重大事故

港湾荷役には「オールナイト」や「オールナイ」と呼ばれる荷役慣行があり、朝方まで夜通し連続作業が行われていた(4)。これは、港湾に停泊している船舶には停船料が課されることや貨物の荷卸しが早いほど次の輸送地への早期出発が可能になるという事情に由来しており、港湾荷役は常に「本船速発」という至上命題のもと船舶会社や荷主から作業時間の短縮を求められていた。

こうした長時間労働は数日に渡る場合もあり作業者の注意力を奪い、荷役機械との接触や船舶から海上への落下など重大な労災事故を引き起こすことになる。関門港において、オールナイト作業中に労災事故にあった女性港湾労働者の岸本イサオ氏が労災にあった状況は次のようなものである。

住友金属小倉工場に鉱石船が入港し、オールナイト作業二日目の深夜三時、疲労が激しく最も眠い時間帯にクレーンの操作を誤りによって、引き揚げていた鉄鉱石が船腹内で作業している岸本氏たちの頭上に落下した。甲板の上から鉄鉱石を積み込んでおく船倉の間は三〇メートルほどあるため、加速した拳ほどの鉄鉱石が岸本氏らの後頭部に直撃し出血した。それでも海水で洗って作業を止めず、夜明けに作業が完了した（林 一九八三：一七九―一八〇）。このことについて岸本氏は、次のように語っている。

その時、私と同じように二、三人ケガをしていました。誰一人としてケガをしたとはいわんのよ。軽い人は、唾つけてそれでチョンよ。みんな鉱石が飛んで来とるからケガしとるわけよ。それなのに黙々とスコ（※スコップ）を動かしてね。会社に対する忠誠心といえばそれまで。それを見ていると情けのうて、心も心臓も凍ってしまおうごとあった。ケガしたことを会社の責任者にいうと、それこそオールナイは中止になる。どんな事故があっても、日雇の沖仕は自分から絶対に申し出ることはない。人間というより生きんがために会社の奴隷になり下がってしまうのよ（林 一九八三：一八〇―一八一。（※）内は引用者）。

岸本氏に限らず日雇労働者たちは、重大な事故にあっても申告せずに作業を続けざるを得ない。岸本氏も自身で治療に通い、翌日また鉄鉱石荷役に就いて仕事をするのである（林 一九八三：一八二）。日雇港湾労働者にとっては運ぶものは選択できず、ケガを負いながら荷役が行われていたのである。

（二） 船倉における温度変化――夏場と特殊貨物

船舶の船倉は甲板から数十メートルの深さをもち、夏場や特殊貨物による温度変化が起きた場合にはその状態のまま作業が継続される。夏の船倉内は「地獄窯」と呼ばれ、「船内荷役に不慣れで脱水状態を起こし、救急車で病院へ運ばれる者も出る」（林 二〇一八：六五）ほどである。大量に発汗するため水分補給が必要だが、「あまり飲むと小用が近くなるから敬遠する者も多い」（林 二〇一八：五四）

という。作業の中断は作業仲間へ迷惑がかかるために避けたい心情に加え、水分の取りすぎは脱水症状につながる危険もあると経験的に理解されていた（林 二〇一八：五四）。また、冬季でも作業場が著しく暑くなる場合もあり、「トウキビ暑い（南方―四〇度）汗びっしょり。真冬でも熱い。上は裸　三〇分―息が出来ない。燃えている発酵」（林『取材ノート』：六七）という状況のなかで荷役が行われていた。

また、作業場の温度が急激に低下する場合もある。関門港において妊娠中も働いていた労働者が作業場の温度の低さから作業中に倒れる事故も起きている。

　秋になってソ連から肥料用のカリ（塩化カリウム）を荷役している最中、ついにダウンしてしまった。カリはシベリヤの荒野から凍ったまま運ばれてくるから、ダンブル（※船倉 downfloor）の中はマイナス三十数度という凍てつく寒さとなる。地下足袋の上にドンゴロス（麻袋）を巻きつけて作業した。だが、しだいに下半身の感覚がなくなっていく。それでも無視して働くうち、全身に痙攣が走り、崩れるようにカリの中に倒れ込んだ（林 二〇一八：七三。（ ）内は本文ママ、（※）は引用者）。

このように妊娠していてもぎりぎりまで就労継続する労働者が多く、作業環境が極寒であっても体温保持の装備もないまま作業を継続せざるを得ず、体調不良を起こしている。専用の作業着もないなかで、自ら一応の防寒対策をして、寒さに耐えることで作業を完遂しようとしたのである。

（三）皮膚や目への影響――粉塵状貨物の付着と炎症

荷役貨物が粉塵状の物体や化学物質である場合には、それらが肌に付着することや吸引によって身体に様々な影響をもたらした。中でも肥料原料となる塩化カリウムや鳥糞石に苦しんだ労働者は多く、肌の汗に肥料原料が付着すると炎症を起こし目に入ると激痛を伴う。全身に炎症を起こしたまま入浴すると、夜は痛みで眠れない状態となった（林 二〇一八：四九）。また、小麦の小さな棘が体中の毛穴に突き刺さるため（林 二〇一八：三七）、対策を怠ると数日間は痛みに耐えなくてはならない。

さらに、小麦を満杯に入れたモッコ（大きな風呂敷状の荷役設備）を艀に落とすときに、大量に粉塵が舞い上がる。この粉塵の発火や爆発を防止するため混入されている強い薬品を吸い込んでしまい、薬害に苦しんだものもいる（林 二〇一八：四五）。

そして、塩や塩化カリウムは太陽光を反射するため光線焼けが起こり、包帯やタオルが粉塵状貨物の荷役作業中に擦れてしまい腕や脇から血が出る（林『取材ノート』：一三）。さらにピッチコークス（炭素製品原料）の荷役作業は「ピッチになると、職員（※常用雇用）の人は行かないので、直行（※職安を通さず業者に直接仕事をもらう日雇労働者）の女の人が行く、ベールを被ってやる。帰りに風呂に入って帰ると目が開けられない。」（林『取材ノート』：一八。（※）は引用者）という。ピッチ作業は一九五〇年代後半には減少するが、目を保護することもできず作業をしなければならなかった。

（四）遅きに失した労働災害防止協会の設立

戦後復興から高度成長期への移行期において貨物の急増が労災の増加に拍車をかけ、一九五四年に使用者団体の全国組織である日本港運協会（一九四八年設立）が労使防止活動を開始し、政府も一九五

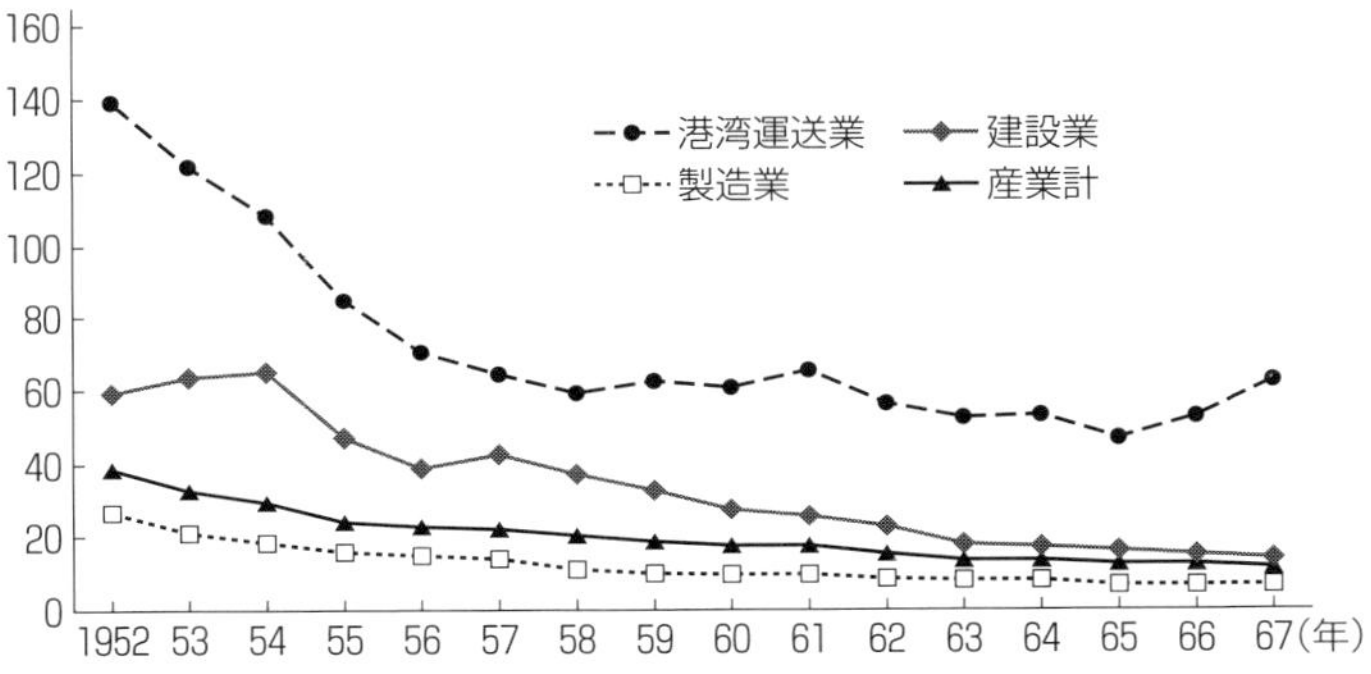

図3－2　産業別労働災害度数率の推移　1952-1967年

出所：労働省大臣官房労働統計調査部編（1968：10-11, 25）より筆者作成。
※災害度数率＝災害発生件数／総労働時間数×1,000,000

八年に産業災害防止五カ年計画（第一次）を開始した。しかし、労働省（現：厚生労働省）は、従来の労働基準法と労働安全衛生規則では労災抑制に不十分と判断し、労働安全規制規則の一部改正（一九六一年）を行うとともに、事業者に「港湾貨物運送事業労働災害防止協会」（一九六四年）を設立させた。しかし、有馬（一九六六）が指摘するようにこれらの対策では労災を抑制方向に転換できず、一九六〇年代半ばには上昇傾向すら生じていた（図3－2参考）。

（五）労災に対する行政組織の機能不全

労災による重大事故、その最たるものである死亡事故が起きた場合にも行政機関である警察や労働基準監督署によって港湾運送事業者への責任追及はされず、裁判となることもなかったという。林の聞き取りに対し労働組合専従の舘は、次のように述べている。

人が死ぬ、—艀の中でモッコの下敷きになったとか、はねとばされたとか、海に落ちて行方不明になった。一緒にいて目撃者がいても、本人に落度があったんだというい方しかされん。警察はもちろんのこと、監督署もね。警―犯罪関係の面で、日頃、仲が良かったとか悪かったとか、特別な恨み。監督署は起因性とか、結果がそうであれば、死亡事故などは重大事故。ところが、そうじゃなくて、会社は責任を認めたがらない。

裁判―なか丶ならない。難しい問題は、脳いっ血で倒れたという人、―死亡した場合でも、後遺症でも、監督署のいい方は、業務遂行性はあった。本船で、でも起因性がないじゃないか。〔中略〕。朝からの重労働で起因性があったんじゃないかといっても、破裂する前に一八〇の血圧でなかったか。もと丶悪かったのではないか。道歩いていても、便所にいっててもやるんじゃないか。という。（林『取材ノート』：一二五）

舘は荷役現場の労災事故が、行政機関においては人間関係のトラブルとして処理され会社への労災責任の追及が及ばないこと、さらに業務起因による高血圧を原因とした脳溢血の発症など証明の困難な疾病に関しては本人の持病であるとされ裁判に訴えることすら困難であること述べている。日本で労災として脳・心臓疾患を認定する最初の基準が策定されたのは一九六一年二月であるが、そこで示された労災認定の基本は①業務遂行性（労働者が傷病等の原因を被ったときに使用者の指揮命令下にある）と、②業務起因性（一定の明確な事由〔つまり傷病等の原因となる事実と時間的に明確な事由〕に基づく業務と傷病等との間の因果関係）である（石井 二〇〇四：一三九）。つまり舘の証言によれば監督署は①は認めるものの、②は認められないため労災とは認定しないということである。これは監督署が日雇労働者らの訴えを軽視していた事とともに、職業性疾病に関する医学的検討が未成熟であったことにも拠っている。港湾労働のような長期間に渡る過重業務が労災認定要件に追加されるのは二〇〇一年のことであった（石井 二〇〇四：一四〇）。

　舘は港湾労働の重労働が高血圧をもたらし、そのことが原因となって脳溢血を発症していることを直感的に把握しているが、監督署にはそれが認められなかったのである。

第三節　女性港湾労働者による労災防止の自主的な取り組みとその背景

一　女性港湾労働者たちによる労災防止

（一）熱中症や脱水の防止と休憩時間の確保

　船倉における作業は、快晴であれば船の甲板から船倉まで荷役のために日差しが通るので夏場は強い日差しの下での作業となる。船倉の中では位置によっては日影ができるため、ベテランになると揺れる船倉のなかで日陰の位置が把握できるようになるという（林 二〇一八：四〇）。このことについて六〇代のベテラン港湾労働者は「これはねえ、むずかしいのよ。沖仲仕の経験というか、勘たい。十年してもニ十年してもこの勘がつかめずに、陽にあぶりつけられとる者もおるわ。この勘が働くようになってはじめて、一人前のごんぞうたい」と述べる。したがって、労災を防ぐ感覚的な技術も熟練者を構成する要素として捉えられていた。また、酷暑状態での作業に慣れているものほど最低限の水分補給に留めており、「氷水を飲む。―ケイレンが来る。塩不足、飲むほどに汗が出る」（林『取材ノート』：六六）と経験によって脱水症状の対応をしつつ作業継続できる手段をとっていた。

　他方で、氷点下の船倉での作業の場合、女性たちや労働組合は「三〇分おきに一〇分休ませてくれという交渉をする」（林『取材ノート』：一七）など、作業中断がいくら作業効率を落とすとはいえ連続作業が困難な場合には交渉によって休憩を確保している。

（二）露出している肌への対策

船倉内での作業が暑いため、自然と作業服も上腕や首回りの肌が露出したものが多くなるが、粉塵状の物質の荷役がある場合には、女性港湾労働者たちは肌の露出部分に「練りおしろい」を塗りつけることで肌を守っていた（林 二〇一八：三七）。ピッチコークスの荷役でもおしろいが使われ、「ピッチ顔がやけてね。白の練化粧をして、それでも痛い」（林『取材ノート』：七九）のであるが、これを怠ると痛みが数日残ってしまうのである。

（三）作業の要領の工夫による体力の温存

船内の荷役労働のなかでも重労働な作業が「モッコ取り」と呼ばれる作業である。これは船倉内の粒状・粉状の貨物をモッコ（大きな布や網）にスコップなどですくい入れて、吊り上げ機械で船倉外の甲板へと運び出す作業である。船内女性労働者たちの多くは、この貨物をモッコに入れる「入鍬」と呼ばれる作業に従事していた。この入鍬はグループ作業であるが、男性労働者たちは重労働についていけず関門港では女性たちによって担われていた。この作業の工夫として、モッコが吊り上げられている間に船倉内に敷き詰められている粉状の貨物にモッコと同じ大きさの穴を掘っておき、空になったモッコをこの穴に合わせ作業者は少し高くなった位置からモッコの中に貨物を投げ入れることで作業負荷を減らしていた。この工夫は作業時間も短縮できる上に、船倉内に作業グループが複数ある場合には順番にそれぞれのモッコを吊り上げていくため、自分のグループの入鍬作業までの間隔をより長く取ることができていた（神崎 二〇一八：一七六―一七七）。

（四）労働組合による長時間労働の規制

労災発生の大きな要因は長時間労働による体力・注意力の消耗であるが、低賃金であった女性日雇労働者にとってオールナイトは収入の確保に必要なものであった。関門港を組織している全日本港湾労働組合関門支部マル船分会（一九五〇年設立）は各職種労働者（艀、船内荷役、日雇）の大半を組織していたため、ストライキ行動は荷役全体を止める能力を持っていたが（林『取材ノート』：三〇、四六）、舘によればオールナイト反対闘争を組んだときに「時間外反対をしたって実収入が下がればなににもならん、意味がないと内部で反対され」（林 一九八三：二四〇）改善はあまり進まなかった。関門港が朝鮮戦争時に貨物需要が増加していた一九五〇年の賃金をみると、七時～一七時の労働で女性五五〇円／日、オールナイトの場合は女性一二六〇円であった（林『取材ノート』：五七）。

こうした事情から長時間労働の規制は一九六〇―六一年頃から取り組まれ、マル船分会は男女差別賃金の撤廃、常傭と日雇の同一賃金、長時間労働の短縮を掲げて労働運動を展開し、労働条件と待遇の改善が進み女子の深夜労働は関門港から徐々になくなっていった（林 一九八三：二四〇）。しかしこれらの成果の背景には、一九六〇年代の労働力不足状況が労組側に有利に働いた側面と、他方で一九六〇年代前半に荷役作業の機械化が進展し省力化が一定可能になった側面を反映しているといえる。

二　女性港湾労働者たちによる労災防止活動が行われた背景

（一）日雇労働者の雇用慣行――労働ボス制度の残存

港湾の労災について、労働者災害補償保険法（一九四七年）の制定以降は行政も監督を強めていた。しかしながら、日雇港湾労働者には〝ケガと弁当は自分もち〟という慣習が人力による荷役時代から根付いており、荷役作業の機械化以降も「関門港は、昔の納屋制度[5]の封建的因習が港に定着して『ケガくらい問題じゃない』という雰囲気が残っていた」（林 二〇一八：一七九）のである。

この封建的因習について、大島（一九六二）によれば戦前に港湾産業において存在していた労働ボスが、戦後の職業安定法の成立を機に解散を余儀なくされるものの関門港の場合は日本通運に嘱託として採用されていたという。この日本通運の門司港支店は、一九五〇年当時の門司港の荷役実績では日雇労働者の過半数に達していた。労働ボスらによる日雇労働者の雇用方法は、毎朝港湾埠頭の日雇労働者の溜まり場に日通の作業班長が出向き、各班長が作業量に応じて日雇労働者の指名を行う。この場には職業安定所の係官も出張しており日雇労働者も日雇手帳を所有しているが、輪番制や非属人的な要素によって就労者が決まるわけではない。そこでは、各班長に顔が知られているものが優先して雇用される「顔付き」という雇入れ方法が定着していた（大島 一九六二：二六八―二七〇）。

したがって、日雇労働者にとっては就労機会の獲得のために作業班長に覚えを良くしてもらう必要があり、荷役中のケガについて不満を漏らさなかった。常用労働者であれば雇用身分が安定しているため、軽度のケガでも労災として労働者たちも強く会社に訴えるが、日雇労働者の場合はケガをすると翌日以降その会社で使ってもらえない可能性があるため強くは訴え出られなかった。林（一九八三）は関門港の女性日雇労働者たちについて、「〝ケガ隠し〟をして、自費で治療することが少なくなかった。それをよいことに、会社は日雇沖仕を酷使してきた。一番弱い立場にある彼女たちが、常に犠牲となってしまうのである。」（林 一九八三：二六一）と指摘する。こうした雇用関係から、女性日雇労働者たちは就労機会を失わないための労災防止に注力しなければならなかったのである。

（二）港湾労働における「熟練労働者」――身体の頑強さとケガに対する我慢強さ

港湾労働における熟練度とは、時間当たりの荷役量や規定の船腹容積に対する積み付け量、荷崩れしない貨物の固定方法などの知識によって測られるものであるが、作業において「ケガをしない」ということも熟練者の要素として重視されていた。港湾作業によるケガは、「ケガをした本人も、荷役に未熟であることを示すものとして、恥ずかしがって自分から申し出ることはなく、表沙汰にならない限り、労災法の適用を受けずに闇に葬られた」（林 一九八三：一七九）のである。

こうした事情について、関門港の女性日雇労働者である岸本イサオ氏は以下のように証言する。

沖の仕事でケガをすることはしょっ中《ママ》のこと。いちいち気にしとったら、飯の食い上げになりますよ。たとえケガをしても内緒にしとかんと、会社の点数が下がる。生命にかかわるようなケガをしても、黙ってなにも文句をいわん女が、会社にとっては一番ウケがよかった。あの女は真面目に働くから使うてやるということになってね。ケガのことを会社に申し出ると、お前には技術がない、不注意だといわれるだけ（林 一九八三：一七九）

使用者側からすれば労災を本人の技術不足にすることは企業の使用者責任を回避する論理に他ならないが、ケガをしないことが技術のある熟練者とされ、さらに真面目な気質のある労働者として就労機会を保障されていた。しかし港湾労働者にとっては、実際に「生命にかかわるケガ」さえ珍しいことではないため、ケガをしても就労継続できる身体の頑強さと我慢強さが熟練の内に含まれていた。こうしたケガを前提とした就労環境が個人的・集団的な労災防止を培ってきたのである。

（三）協業労働と仲間意識――「サボり」に対する仲間からの厳しい眼差し

関門港において筑豊からの石炭荷役が盛んだったころには「天狗取り」という二五人程度の大人数のギャングを組む独特の荷役が行われていた。これはバケツリレー方式で石炭を積み込んでいく荷役作業形式であり、女性も男性も入り混じって荷役が行われた。この天狗取りに象徴される協業労働ではギャング内の作業速度の一致が荷役効率に直接に影響するために効率を下げる者に対する港湾労働者たちの眼差しはとても厳しいものになる。関門港の女性港湾労働者たちのなかに築かれた仲間意識について、林（二〇一八）は「彼女らにとって人を見る唯一の基準は、仕事に対する自負や熱意。サボる者は男でも女でも容赦しない。そのかわり、まじめに働く仲間が窮地に陥れば、わが身をかえりみず手をさしのべる」（林 二〇一八：九五）と評している。つまり、厳しい労働環境と重労働のため同じ水準で働けるものだけが仲間とみなされ、そうでないものには排他的な関係性が作られていた。お互いにケガをしないように支え合う意識も、こうした労働環境と作業方法を土台として形作られてきたものである。

このような関係性について、女性港湾労働者の語りを見てみる。

命にかかわる仕事だし、仲間に迷惑かけられんから、要領がすべてなのよ。だからどうしても気性が荒くなる。もたもたしていると先輩からコミやられる（意地悪される）。サボる人は嫌われる。場所取りなんかで女どうし争うのもしょっちゅうやった。喧嘩してスコップ振りまわすこともあったよ。でも、みんな荒っぽいけど根はからっとしとるのよ。陸に上がればけろっと忘れる。ただ仕事に対しては自信があるから、根性のある人ほど他人と競い合いますよ。個性と個性がぶつかり合うし、奥様のような気性じゃ、沖じゃとても生きていけなかった（林 二〇一八：一七九。（ ）内は本文ママ）。

このように船内や海上の荷役作業の危険性と重労働が労働者の気性の荒さを生み出し、作業場所や作業能力の高さを争うように競い合うような関係性を作り出していた。港湾労働者として就労を継続していくためには、作業への習熟とともに仲間内からの厳しい視線への順応が必要であったのである。

第四節　労働災害を防いでいたものは何か

関門港における労働災害は、安井らが指摘するような環境要因すなわち貨物や輸送機器の大規模性や特殊貨物による人体への影響、海上や船倉という作業環境、天候、労使関係、労働者の階層として最も劣位に位置していた女性日雇港湾労働者の雇用の不安定性などに加え、作業安全について配慮しない資本家意識から説明できることも多いが、本章ではそれらに加えて、女性日雇港湾労働者たちの労働者意識について分析を行ってきた。

当時の関門港には、様々な事情を抱えた女性労働者が集まっており「ここに来る人は、何かの動機で来る人ばかり。死ぬ思いで来る」（林『取材ノート』：六一）人もいた。もちろん近所に女性の沖仲仕（港湾労働者）がいて誘われてくる人もいたが、職安に行ってにこよんの仕事をするよりも二〜三倍の賃金を得ることができるため、子どもを育てている女性にとっては「働きながら、時々学校にも顔を出し、家事をできるとすれば、ここの職場しかない。一カ月に一五日働けば食べられるし、後の一五日は子どもの面倒も見れる」（林『取材ノート』：六二）という職業は他に代え難いものがあった。したがって、港湾で長く働くには仕事を手配する港運会社の職員と顔見知りの関係になる必要があり、そのためには仕事ができる熟練労働者である必要があった。この熟練が意味するところには、危険な重労働に従事でき、ケガや悪環境に耐えるあるいは防ぐ身体的・精神的な能力も含まれていたのである。

このように、女性たちにとってはケガや身体への様々な影響に耐えて就労を継続することは、比較的賃金の高い港湾労働者として働くために必要であり、同時に港湾荷役という協業労働の場において作業仲間からの排他的な感情が自らに向くことを防ぐ意味もあった。そして、女性たちが集団的に労働能力の高さを示し続けることは、関門港の労働市場の中でみれば労働者階層の低位に置かれた女性たちにとって男性よりも働けることを示すことで就労先を確保するために必要であったのである。こうした労働市場の構造が、女性たちの間の熟練労働者たる職業意識の内圧をより高めていたといえる。

このような職業意識を保持しながら労働者たちは、職場における労働災害を経験によって培われた勘や教訓、労働者の協同による作業要領の工夫、そして労働組合を通じた使用者との交渉によって労災を防止していた。しかしながら、当然防ぎきれない多くの労災が労働者たちの忍耐や労災隠しによって表に出ないままとなり、またそれらは後遺症として女性労働者たちの身体に多くの症状や障害を残していった。このような過酷な労働環境は、一九六〇年代に入ると徐々に減少していくが、それは女性労働者たちの労災が告発され社会的に改善されたということではなく、一つには荷役の機械化による危険作業と長時間作業の減少であった。そしてもう一つには、一九六六年の港湾労働法の施行に伴い港湾労働者の登録制と処遇改善がはじまると、関門港の管理行政は労働力の省力化のために女性日雇労働者の雇用を縮小させたことに拠っていると指摘される（林『取材ノート』：三二）。したがって、関門港における労災の発生と防止の責任を負うべき使用者と行政の責任が果たされないままに、労災の実態は関門港の女性日雇労働者たちの記憶と林えいだい氏のようなルポライターによって記録されることに留まってしまった。

本章で取り上げた関門港における女性日雇港湾労働者における労災発生と防止の事例から、安井らが指摘する環境と使用者意識のみならず、労災を労災として意識させない労働者意識についても分析を深める必要性が明らかとなった。女性が労働市場の最下層に置かれながら男性並みの働きぶりを求められる時、労働災害さえもスキルの問題として処理しなければならない職業意識が作り出されるのである。ただし、本章で取り上げた労働者意識について女性たちのジェンダー意識が与えた影響については、他の港湾における男性日雇労働者たちの労働者意識との比較が必要であるが、それはまた別稿において行いたい。

〈注〉

（1）安井（一九七二）によれば、各項目の細目は（一）労働者（生理的能性・パーソナリティ能性・潜在的能性）、（二）労働者意識（仕事意識・生活意識・階級意識）、（三）環境（作業条件・生産組織・労働条件・生活条件・人間関係・労使関係・労働保護法）、（四）資本家意識（利潤追求意識・合理化促進意識・競争意識）となっている。

（2）船の燃料が石炭であった時代のときに石炭庫を指していた。

（3）戦後の失業政策である失業者対策事業が一九四九年に東京で始まった際の日給が二四〇円であったことから、日雇労働を通称してこのように呼んだ。

（4）一九六五年頃まで関門港において女子のオールナイト作業があった（林『取材ノート』：四）。

（5）炭鉱労働の労務管理制度であり、労働者を企業が直接雇用せず納屋頭と呼ばれる労務管理者が募集した労働者を納屋に住まわせ、日常生活の世話と仕事の差配をする間接的雇用の仕組み。

〈文献〉

有馬元治（一九六六）『港湾労働法』日刊労働通信社。

石井義脩（二〇〇四）「過労死に学ぶ労災認定理論」『日本職業・災害医学会会誌』日本職業・災害医学会 五二（三）：一三八―一四一。

大島藤太郎（一九六一）『封建的労働組織の研究――交通・通信業における――』御茶の水書房。

神﨑智子（二〇一八）「[解説] 門司港の『女沖仲仕』の歴史」（林えいだい（二〇一八）『《写真記録》関門港の女沖仲仕たち 近代北九州の一風景』新評論）。

北九州市女性史編纂実行委員会（二〇〇五）『北九州市女性の一〇〇年史 おんなの軌跡・北九州』ドメス出版。

喜多村昌次郎（一九六四）『港湾労働の構造と変動』海文堂。

喜多村昌次郎編（一九八五）『港湾研究シリーズ⑥ 港湾労働』成山堂書店。

柴田一郎（一九九六）「第四章 北九州港の現状と問題点」『関門地域研究』関門地域共同研究会（三）：八二―一〇〇。

林えいだい（一九八三）『海峡の女たち 関門港沖仲仕の社会史』葦書房。

――――（二〇一八）『《写真記録》関門港の女沖仲仕たち 近代北九州の一風景』新評論。

――『取材ノート』ありらん文庫蔵書。

福岡県女性史編纂委員会編著（一九九三）『光をかざす女たち　福岡県女性のあゆみ』福岡県企画振興部県民生活局女性政策課。

門司市役所経済部産業課編（一九五四）『関門経済史　第二輯』。

門司港労働公共職業安定所（一九七〇）『業務概況』。

安井二郎・鈴木繁・松尾光芳・古西信夫（一九七二）『港湾労働における労働災害』立正大学産業経営研究所。

労働省大臣官房労働統計調査部編（一九六八）『昭和四二年　労働災害動向調査報告』労働大臣官房労働統計調査部統計課。


（鈴木　力）

第四章

「産業癈兵」の誕生

――戦間期日本の工場内労働災害及び救貧政策におけるジェンダー構造

私たちは仕事中や通勤中に事故に巻き込まれたり、疾病にかかったりする可能性が存在します。業務を起因とする負傷や疾病が、労働災害と認定された場合、雇用した側が労働者災害補償保険を活用して被災者に補償を行います。こうした制度は一九四七年の労働者災害補償保険制度によって本格的に整備されました。それ以前の被災者はどのように生活していたのか、そこにジェンダーはどのように影響したのかについて、本章では一緒に考えてみましょう。

第一節　戦間期の労働災害から読み解く試み

二〇二二年の労働災害発生件数のうち、休業四日以上の死傷者数は、一三万二三五五人となり、過去二〇年間において最多を記録した(1)。また、業務上疾病者数は一六万五四九四人に上り、前年の二万八〇七一人から五・九倍増加している(2)。こうした数値には、昨今の新型コロナウイルスの蔓延が影響していることは言うまでもないが、そのほかにも労働者の高齢化、外国人労働者の増加といった現代社会が抱える特徴が反映されている。例えば、休業四日以上の死傷者のうち、最多の事故要因は転倒の三万五二九五人であるが、このうち六〇歳以上の労働者数が一万五四五九人であり、全体の四三・八％を占める[3]。さらに、二〇二二年の外国人労働者の労働災害死傷者数は四八〇八人、労働災害発生率（死傷年千人率）は二・六四であり、全労働者の千人率である二・三二よりも高い数値を示している[4]。

一九四七年に労働者災害補償保険法が公布されてから、「業務を要因とする事由又は通勤による労働者の負傷、疾病、障害、死亡等」に対して必要な保険給付を行うこと、「労働者の社会復帰の促進」「労働者及びその遺族の援護」「労働者の安全及び衛生の確保」等を図ることが確認された。それまでは、工場、鉱山、屋外で働く労働者が労働災害に巻き込まれると、工場法、健康保険法、労働者災害扶助責任保険法、厚生年金保険法によって各補償がなされていた。本章で着目したいのは、本格的に労働災害補償制度が整備される前の戦間期に、工場で負傷や疾病に見舞われ、場合によっては障害を抱えることになった工場労働者の存在形態である。先述した労働者災害扶助責任保険法は一九三一年に成立したが、同法は屋外労働者を対象としたため、工場労働者が労働災害に巻き込まれた場合、工場法、健康保険法、その他救貧政策を工夫・活用しながら、生活を営む必要があった。さらに、本格的な障害者福祉立法が成立したのは、一九四九年の身体障害者福祉法であり、障害者福祉に関する制度も未整備であった。本章では、第三章で検討した敗戦後から一九七〇年代よりも前の時代に遡り、検討を進めたい。

近代日本における労働災害の被災者に関する先行研究は、風早八十二による『日本の労働災害』という先駆的な成果が存在する。風早は、敗戦直後において労働災害が深刻化する社会状況を背景に、一九三一年からの「軍需インフレ」下における工場、鉱山の労働災害の激増状況について統計資料を用いて分析している（風早 一九四八）。山田明は、明治初期から一九八〇年代までの日本の障害者の通史を描くなかで、「負傷・疾病が治癒して障害が残った者（受傷障害者）」を「産業障害者」と呼称し、「産業障害者」の生活上の困難に触れながら、「肢体障害者」に対するリハビリテーション事業の展開を照射した（山田 二〇一三）。また、長廣利崇は工場法施行令第七条と、一九二七年に社会局長官によって地方長官と鉱山監督局長に通達された「身体障害ノ程度ニ関スル件」のあいだの矛盾に着目し、障害を抱えても労働可能であり、生活に困窮していない労働者の存在を浮かび上がらせた（長廣 二〇一四）。こうした貴重な研究成果によって、被災した労働者の多様な存在形態が明らかとなりつつある。ここで改めて着目したいのが、健康保険法争議に至る過程等について検討した坂口正之による研究成果である。坂口は、一九一七年から一九二〇年の『工場監督年報』に基づき、健康保険法成立の背景として男性労働者は負傷率が、女性労働者は罹病率が高まりを見せていることに言及している（坂口 一九八五：六九）。つまり、労働者のジェンダーによって負傷・疾病の発生状況が異なっていたということである。ただし、坂口の分析は一九一七年から一九二〇年の期間に限定されており、充分に掘り下げられているとは言い難い。

以上を踏まえ、本章では、下記の二つの課題を設定する。一つ目は戦間期の労働災害の実態について、ジェンダーの視点から検討することである。ジェンダーに着目することで、工場法成立期と、それ以降の時期の変容が浮かび上がるからである。二つ目は、当該期の内務官僚のまなざしを通して労働災害によって負傷したり障害を抱えたりした労働者の社会的位置を解明することである。この検討を通して、障害を抱えた労働者を巡る差別の問題を照射できるのではないかと考える。

構成は以下の通りである。まず第二節では、戦間期の工場労働者の負傷について、内務省社会局技師(5)による労働災害の調査を元にジェンダーの視点から整理していく。次に第三節では、負傷に対応するはずであった工場内医療環境の実態について検討する。最後に第四節では、障害を抱えた労働者に対して名付けられた「産業癈兵《さんぎょうはいへい》」という呼称に着目し、当該期の救貧政策が有した限界を指摘する。使用する資料は、産業福利協会が発行している『産業福祉』に掲載された論考、農商務省・内務省による『工場衛生資料』や『工場監督官年報』等の調査資料、「産業癈兵」を「再教育」することを目的とした同潤啓成社が発行した資料等である。

本章では、工場労働者の労働災害を扱い、屋外労働者、鉱山労働者を検討対象にしない。なぜならば、工場、屋外、鉱山では労働環境が大きく異なるため、同一に論じることは困難であるためである。以上を踏まえ、以下では労働災害ではなく、工場内災害という用語を使用する。

第二節　戦間期の工場労働者の負傷・疾病

本節では戦間期の工場内災害の実態に関する整理を進めていく前提として、まず、一九一一年に工場法が公布される前の時期に顕在化していた負傷・疾病状況について押さえておきたい。一九〇六年から一九〇八年における工場寄宿舎、社宅における職工病傷者数及び死者数の年間平均をまとめたのが**表4－1**である。**表4－1**は、「発病者」のうち九九・四％を占める九万九二四〇人が、「負傷者」のうち九八・一％を占める四〇九〇人が、繊維産業に属する者である。また、女性労働者は、「発病者」のうち九万二九九九人（九三・二％）、「負傷者」のうち三二二五人（七八・一％）を占める。つまり、この時点では繊維産業の女性労働者の疾病・負傷の数が数値として顕在化していたことがわかる。当該期は、工場労働者の多くを女性労働者が占めており、なかでも繊維産業の女性労働者の健康状態は、

表4－1　1906年から1908年の工場寄宿舎，社宅における職工病傷者数及び死者数（年間平均）

		月末現在職工一ヶ月平均総数	舎宅内数一ヶ月平均総数	発病者一ヶ年延人員	負傷者一ヶ年延人員	負傷者未治解雇	死亡者一ヶ年総数
紡績	男	14,865	3,834	4,255	693	9	19
	女	73,692	47,677	69,425	2801	1,175	424
製糸	男	3,650	2,926	1,102	12	4	6
	女	36,829	32,045	14,585	13	228	35
製麻	男	783	116	98	9		2
	女	2,386	1,312	1,408	27	35	16
織物	男	1,904	447	817	62		1
	女	7,988	4,992	7,550	473	7	19
セメント	男	611	384	123	136		
	女	84	50	13	11	41	
陶器	男	798	203	400	18		
	女	169	6	18			

注：当表は，内務省訓令第二十号に基づき，「職工徒弟十人以上ヲ雇使シ且寄宿舎又ハ社宅アル工場」が警察官署に届け出を行った数字に基づく（農商務省工務局（1910：1-7）『工場衛生調査資料』農商務省工務局）。

一九一三年に石原修によって『衛生学上ヨリ見タル女工之現況』として発表され、社会的関心を集めたことはよく知られているところである。山田明は『錦糸紡績職工事情』の統計を用いて、一八九九年から一九〇二年における紡績工場の女性労働者の解雇・死亡者数を分析するなかで、彼女たちが結核以外にも、運動機能障害等を伴う疾病に罹患し、数%から一〇%前後の者が帰郷後にも固定機能障害を残したのではないかと推測している（山田 二〇一三：五二―五三）。

次に、この統計の約一〇年後の、一九一七年から一九二六年にかけての負傷率・疾病率（千対）と男女比を示した**表4－2・3・4**をみてみよう。**表4－2・3・4**は、内務省社会局技師である水野史朗が『工場監督年報』を

表４－２　1917年から1926年における業種別疾病率（千対）

		1917年	1918年	1919年	1920年	1923年	1924年	1925年	1926年	平均
染織工場	男	177.6	270.3	191.8	288.2	186.4	185.8	185.2	187.4	209.1
	女	291.6	497.7	313.1	359.3	341.6	422.2	358.8	344.1	366.1
機械器具工場	男	109.6	167.5	172.0	259.2	142.4	172.4	180.4	175.1	172.3
	女	166.7	258.8	131.1	284.5	172.6	289.7	277.4	271.2	231.5
化学工場	男	146.4	243.3	170.4	215.3	178.4	181.6	171.5	166.0	184.1
	女	91.7	169.2	158.8	121.4	242.6	126.7	249.7	217.6	172.2
飲食物工場	男	134.5	208.6	159.0	174.3	233.1	297.8	346.4	227.9	222.7
	女	55.9	74.8	76.1	98.4	137.0	271.8	402.7	112.8	153.7
雑工場	男	130.8	186.9	110.4	141.6	207.2	133.1	400.7	326.0	204.6
	女	121.0	189.4	104.8	127.1	233.2	248.6	361.7	236.7	202.8
特別工場	男	330.2	309.8	194.2	260.0	179.5	145.0	240.3	180.3	229.9
	女	331.7	335.7	593.7	681.9	212.8	589.1	320.0	325.0	423.7

出所：水野史朗（1929：57-61）「最近十ヶ年に於ける職工の負傷及疾病」『産業福利』４（２）より作成。

踏まえ算出した数値に基づくものである。疾病率は「化学工場」「雑工場」「飲食物工場」を除いて女性の方が高い（表４－２）。疾病別の数値を詳しくみてみると、脚気を除いて、女性の疾病率が男性よりも高い。例えば女性の結核罹患率は男性の一・五倍、呼吸器病は一・九倍、消化器病は一・九倍、トラホームは二・二倍を示している（表４－３）。これに加え女性労働者は、「婦人科的疾病」とも無関係ではなかったことも判明している。

表４－３　1917年から1926年における工場労働者の罹病率平均（千対）

	男	女
結核	2.2	3.4
呼吸器病	34.0	64.9
消化器病	39.4	76.5
脚気	14.8	13.3
トラホーム	3.7	8.2

出所：水野史朗（1929：49）「最近十ヶ年に於ける職工の負傷及疾病」『産業福利』４（２）より作成。

表４－４　1917年から1926年における業種別負傷率（千対）

		1917年	1918年	1919年	1920年	1923年	1924年	1925年	1926年	平均
染織工場	男	59.0	42.5	52.6	5.93	5.46	55.6	60.1	61.9	42.9
	女	12.5	8.9	10.5	11.9	16.5	16.1	13.5	14.1	13.0
機械器具工場	男	136.6	165.9	146.3	246.8	106.5	150.4	136.6	132.3	152.7
	女	22.8	20.9	28.7	39.9	36.6	35.8	22.2	18.4	28.2
化学工場	男	79.2	86.2	112.0	101.9	120.8	117.7	139.1	108.8	108.2
	女	10.6	13.6	16.6	14.0	21.2	17.1	17.7	17.4	16.0
飲食物工場	男	44.8	51.2	49.7	38.5	97.8	96.9	83.1	31.8	61.7
	女	20.6	5.2	5.4	6.7	15.4	28.9	8.7	6.1	12.1
雑工場	男	44.6	35.8	37.1	37.4	40.6	41.9	76.5	52.2	45.8
	女	11.6	8.1	9.8	8.1	18.4	12.0	9.8	19.3	12.1
特別工場	男	380.8	245.0	203.3	171.4	215.2	171.4	197.5	177.3	220.2
	女	220.0	188.7	156.7	120.9	74.5	23.3	64.0	108.3	119.6

出所：水野史朗（1929：57-61）「最近十ヶ年に於ける職工の負傷及疾病」『産業福利』４（２）より作成。

『大正拾年　工場監督年報（第六回）』に掲載された、「K紡績株式会社」の女性労働者を対象とした調査に基づくと、「通勤職工」では全体七三二人中八六人（一一・七％）が、「寄宿職工」では全体二三二七人中一〇人（〇・四％）が、「婦人科的疾病」の罹病者であると示されている。より具体的にみてみると、「通勤職工」の場合、「悪阻」四七人が最多で、その次に「妊娠ニ因ル障害」一六人、「流産」六人が続く。「寄宿職工」の場合、「膀胱カタル及尿道カタル」二人、「子宮内膜炎」二人、「外陰部コンヂローム」二人等の数値が明らかとなっている（社会局編 一九二四：七九―八〇）。以上を踏まえると、脚気を除く各種疾病において女性労働者の罹病率は男性に比して高く推移していたことに加え、そこに「婦人科的疾病」も加わりながら、女性労働者の身体を巡る状況が可視化されていたことがわかる。

一方、男性の場合、負傷率が全ての工場においても女性よりも高く、なかでも「特別工場」「機

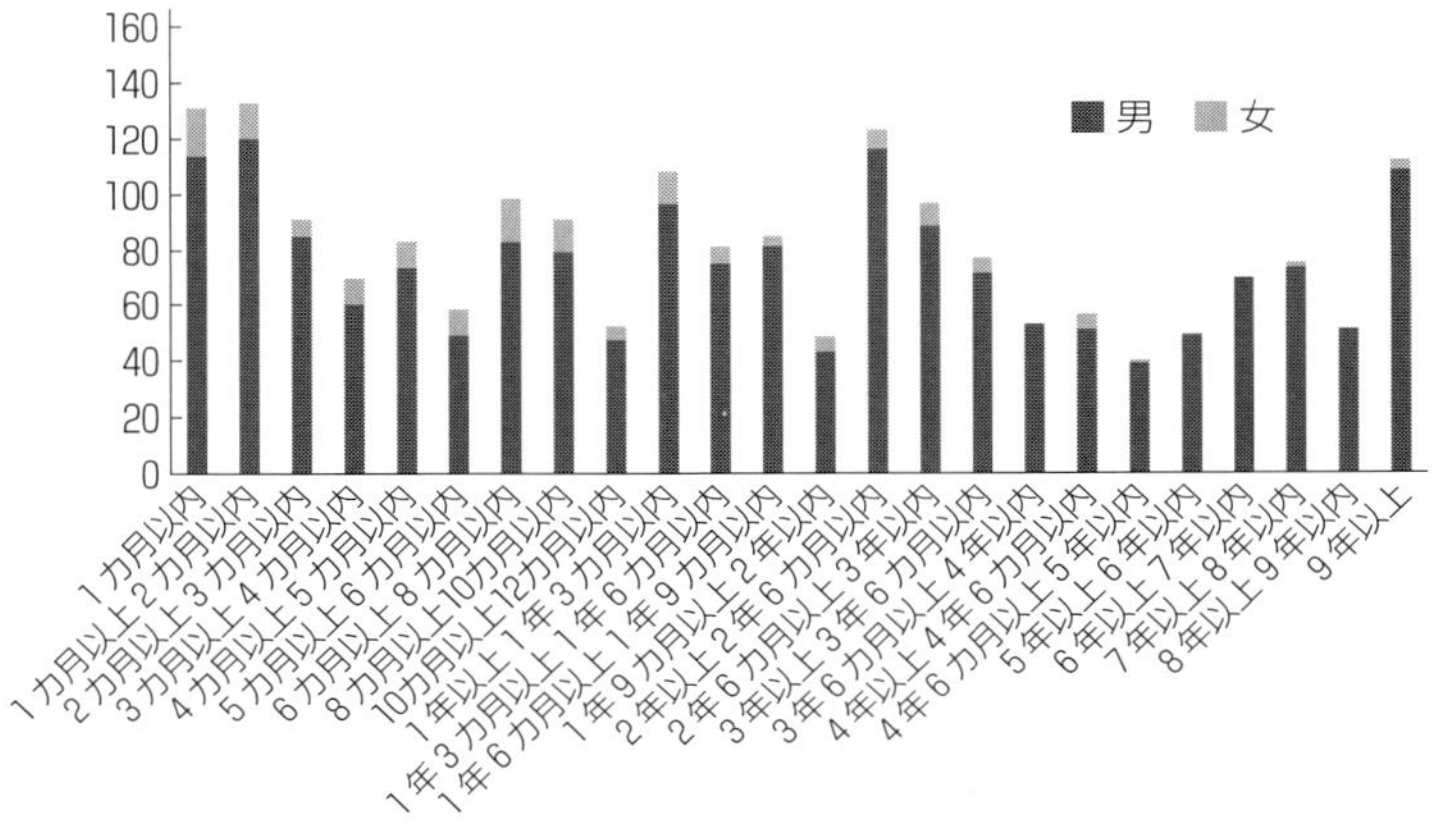

図４－１　1926年から1934年における工場内労働災害件数（雇用期間別）

出所：中川義次（1936：144）「工場衛生問題（四）」『産業福利』11(４)より作成。

械器具工場」の負傷率が高い数値を示している（表4－4）。水野が作成した統計ではないが、一九一八年から一九二五年において、「年間平均重死傷者」が最も多く発生したのは「機械器具工場」であり、重死傷者総数の約三七％を占め、「重死傷者率（千対）」が最も高いのは「特別工場」であったという数値も存在する。[6] それではなぜ「機械器具工場」の重死傷者数が突出していたのだろうか。工場監督官[7]は、「機械器具工場」における重大災害件数（休業療養二週間以上）の増加の原因として、「機械工業が漸次重工業化されつゝあることと、及之か作業形態が種々複雑せる為め、安全設備の施行に於て極めて困難なること」を指摘している（社会局労働部 一九三〇：一〇八）。つまり、作業形態の複雑化に対して、工場内で安全対策を取る事は難しく、その結果、工場内災害の発生が不可避となる環境が形成されたのである。さらにここで、工場労働者の雇用期間と工場内災害による死傷者数の相関関係について詳しくみてみよう。社会局技師の中川義次が一九二六年から一九三三年までの『工場監督年報』に基づき、比較したものが図4‐1である。死傷者数が最も多いのが、一カ月以上二カ月以内であり、雇用期間一年以内の工場労働者の工場内災害件数が全体の四一・二%を占めており、未熟練労働者の工場内災害が深刻化している。さらにいずれの雇用期間においても、男性労働者が圧倒的多数を占める。このデータも踏まえると、未熟練の男性労働者が最も被害を受けていたことが窺える。

ここまで、戦間期の工場内における負傷疾病のありようについて、内務省社会局技師による報告をもとに検討してきた。工場法が成立した時期において可視化されていたのは、繊維産業の女性労働者の疾病であり、とりわけ結核の蔓延が注目された。その後、一九一九年の結核予防法、一九二七年の工場付属寄宿舎規則、一九三七年の結核予防法改正といった対策がなされ、一九三七年には結核予防法に届出制度が織り込まれたが、効果はそれほどなく、結核の蔓延は終息しなかった(青木 二〇〇四)。さらに、健康保険法の成立過程においてスペイン・インフルエンザのパンデミックが影響したことが判明している(榎 二〇二二、二〇二三)。以上を踏まえると、戦間期は女性労働者の結核蔓延状況が解決されたわけではなく、そこにスペイン・インフルエンザの蔓延も加わったが、それらと並行して未熟練男性労働者の負傷件数が増大し、その状況が社会局技師によって可視化されていく時期として捉えることができる。それでは、負傷者に対応するはずの工場内の医療環境はどのような状態だったのだろうか。この点について第三節で分析を進めていく。

第三節　工場内医療環境の実態

工場における病室、医師数、負傷疾病扶助の全国的な状況は、一九〇三年に農商務省が発表した『各工場ニ於ル職工救済其他慈恵的施設ニ関スル調査概要』で確認することができる。この調査は、農商務省が『職工事情』のあとに、各工場に対して実施したものであり、二三六工場のうち回答のあった一二三工場（生糸工場三〇、紡績工場四七、その他四六）の教育、衛生に関する現状が報告されている。設備に着目してみると、一二三工場のうち、「病室ノ施設アルモノ」は六六、「多少ノ治療看護ノ注意ヲ為スモノ」は三四であり（農商務省商工局編　一九〇三：一）、「患者室」数は平均五・九室、「収容シ得ヘキ患者総数」の平均は二六・二人であった(8)。調査対象の工場の「職工総数」は、平均九九五・九人であり(9)、あくまでも大規模工場の調査であることを念頭におくと、「患者室」が充実しているとも言い難いが、それでも一定のスペースを確保されていたといえるだろう。一方、専任医師の配置数に関しては、未記入の工場が大半であり、三菱造船所の四人が最多である（農商務省商工局編　一九〇三：二三―二八）。

このようにして工場内の医療環境の実態が明らかになる一方で、工場監督官や一部の内務官僚は医療環境の未整備を危惧していた。工場監督官であった宮本貞三郎は、一九一七年二月の中央慈善協会の例会にて、鐘淵紡績や富士紡績では病院建設、専任医師の設置、健康診断、投薬治療が行われている一方で、小規模工場の場合、「名前だけは兎に角嘱託医を置いて怪我人があるとか病人があるとはいへば、其医者に駆付けるといふ方法になつては居りますが、平常の衛生上の注意が果して何処まで手が届いて居るかと思ふと心細いものであります」と述べ、工場規模に基づく医療環境の格差を指摘している（宮本 一九一七：一一一―一一二）。国際労働機関帝国事務所長を務めた吉阪俊蔵は、従来の繊維産業の女性労働者の肺結核に加えて、「機械工業」「電気工業」「化学工業」を例に挙げながら、「新工業」の発達に伴い「労働者の健康を脅かす危険の種類及び頻度の増加」を問題視した。また、肺結核、トラホーム、アルコール、黴毒が「労働力を障害し産業能率を障害すること最も大なる」と捉えており（吉阪 一九二七：一―三）、健康保険制度、「身体考査」による「適当なる職業選択」、工場医の存置、衛生係の設置等の意義を説いた（吉阪 一九二七：三―五）。つまり、吉阪や宮本は、生産現場で健康を脅かされる労働者が顕在化しているという現状認識のもとで社会政策の整備と工場における医療の役割に期待を寄せたのである。

その後、一九二七年から健康保険法が施行され、政府管掌・組合管掌の双方で、労働者が保険医と指定された医師を自由に選択し、療養給付を受けることが可能になった。特に組合管掌の場合、診療機関は組合直営の組合医局、医師会、歯科医師会、事業主医局、官公立病院、一般開業医など多様であった（中川・笠井 一九三七：二三）。また、同時期に、企業では「病院設立ブーム」が巻き起こった（榎 二〇二二：二〇―二一）。ただし、その後も工場規模による医療環境の格差は変化がない。社会局技師だった塚田治作が調査したところによると、工場内の診療機関には、五つの類型があった。その一つは、数十人の医師、薬剤師、看護婦等が配置され、検査室、研究室も設置されているところである。八幡製鉄所、三井三池鉱業所、三菱造船所等であり、これらの企業に準じる企業として富士瓦斯紡績、古河電気工業、鐘淵紡績等が該当する。二つ目に、医師、薬剤師、看護婦、事務員を置く「普通一般病院」の形式を備えているもの、三つ目に、医師、看護婦のみを置き薬剤師がいないもの、四つ目に工場内に診察室は設置されているが嘱託工場医が来診するもの、五つ目に医師に年間一〇円から三〇〇円までの謝礼を出し、医師に「衛生相談」をさせるものが存在した（塚田：一九三六：一四二）。つまり、一つ目の類型に当てはまるような充実した医療環境は、一九三〇年代以降も大規模工場しか整備することができなかったのである。

さらに、ここで一九三六年の工場規模別、都道府県別の医療環境を示す数値をみてみよう。表4－5に基づくと工場の規模が小さくなるにつれて、医療設備を持つ工場が少なくなり、一〇〇人以下の工場に関しては、医療設備に関する調査報告が存在しない。また、「一〇〇人以上五〇〇人未満」の工場の数値をみてみると、愛知県では二六八工場のうち八七工場、全体の三二・五％に工場医が在籍し、工場内医療環境が突出して整備されていた一方で、四七都道府県のうち二〇の地域で工場医在籍工場は〇である。この調査自体は、健康保険法施行から九年が経過した時点のものであるが、健康保険法を経て医療環境の地域差も顕在化しつつあることが窺える。

以上のような状況があるなかで、現場の医師の姿勢はどのようになっていたのだろうか。ここで一九二八年一二月に内務省社会局と日本医師会のあいだで締結された診療方針をみてみよう。この方針では冒頭に「保険医ノ診療ハ必要ノ範囲並ニ限度ニ於テ之ヲ行フヘク経済的ニシテ而モ《しかも》最モ適切ナルモノタルヲ要ス」[10]と記されていた。その結果、保険医のなかには「経済的」という部分を誤解し、必要な診療を回避する傾向が強まった（中川・笠井 一九三七：三五一－三六）[11]。先述した医療環境の企業間格差や地域格差に、こうした診療方針を加味した場合、医師による診療行為はあくまで軽度の症状を対象としたものであったことが窺える。

工場内医療環境の現状に対して、産業衛生関係者はどのように対応しようとしたのだろうか。ここ

表4－5　都道府県別工場医の配置

都道府県	1000人以上		500人以上1000人未満		100人以上500人未満	
	工場医在籍工場	工場数	工場医在籍工場	工場数	工場医在籍工場	工場数
北海道	2	2		4	1	50
青森						5
岩手	1	1	1	1	3	6
宮城	1	1	2	1		17
秋田				1		4
山形			3	4		33
福島	2	3	2	9		34
茨城	1	2		3		23
栃木	1	1	2	2		21
群馬	2	3	3	9		76
埼玉			2	13	2	66
千葉	2	1				19
東京	16	22	12	30	11	363
神奈川	10	19	6	17	4	75
新潟	1	2	3	7	1	54
富山	5	5	7	6		43
石川	2	2	1	2		71
福井	3	3		7		61
山梨			1	1		54
長野	2	2	1	13	1	166
岐阜	7	8	8	12	2	32
静岡	6	10	5	15	3	90
愛知	25	29	14	31	87	268
三重	8	9	8	10	5	51
滋賀	5	5	1	3	5	29
京都	5	6	6	10	5	74
大阪	31	25	23	63	13	369
兵庫	22	26	15	34	4	219
奈良	2	1		1		11
和歌山	3	5	4	8	2	25
鳥取			4	4	3	10
島根	2	2	3	5	1	10
岡山	6	9	9	8	2	61
広島	4	5	3	8	3	47
山口	2	7	4	8	2	19
徳島		1		4		20
香川			3	4	1	15
愛媛	5	6		6		77
高知				1		25
福岡	3	11	7	19	7	71
佐賀	2	1		2	1	5
長崎	1	3		4		13
熊本	1	1	3	3	1	27
大分	2	2	4	3	4	17
宮崎	2	3	1	3		8
鹿児島		1		1		16
沖縄					1	2

出所：塚田治作（1936：148-149）「本邦に於ける工場診療機関に就て」『産業福利』11(12)より作成。
※ただし，工場数は「第三表　常時十人以上ノ職工ヲ使用スル工場数都道府県別表」（『工場監督年報：附・労働者募集年報。第21回（昭和11年）』所収）に基づくものであり，工場数以外の数値は塚田（1936）に基づくものである。

で、一九三二年の社会局長官諮問「労働者保護上工場医局の使命を全ふせしむべき方策如何」に対する産業衛生協議会の答申の内容を確認したい。産業衛生協議会とは一九二九年二月に暉峻義等が産業衛生に関わる研究者、官僚、工場管理者等に呼びかけて設立した団体である（日本産業衛生学会東海地方会一九八六：二八―二九）。この答申において、産業衛生協議会は従来の工場医局の性質の転換を求めた。それは「診療本位」の「消極的医事」から、「従業員の一般健康状態」の改善、「労働力を増強するための活動及計画」、「全従業員の作業場内外の生活に関しても又該切なる衛生的指導と訓練」を行うといった「積極的行動」をする医局への変貌を意図していた[12]。このようにして産業衛生協議会が対処療法から予防医療に重きを置く方針を提起するきっかけの一つとなったのは、健康保険法の施行であった。なぜならば、産業衛生協議会は、これまで事業主が負担していた医局に掛かる経費が、健康保険法の「診療報酬繰入れ」によって支払われることが多くなったにもかかわらず、事業主が医療環境を整備しないことを問題視していたからである[13]。つまり、産業衛生関係者の立場からしてみれば、健康保険法の施行によって工場内の医療環境が改善されることを期待していたのであるが、事業主に任せることは困難だと判断し、この答申の内容を作成したのであった。

ここまで、工場内の医療環境の様相について検討してきた。戦間期は、工場の規模に基づく医療環境の格差が存在し、特に小規模工場では、重傷を抱えた労働者へ対応することは困難であったことが窺える。さらに、健康保険法施行後の診療方針によって、必要以上の診療がなされない状況が形作られ、重傷者は診療の範疇外に置かれたと考えられる。産業衛生関係者は産業衛生協議会を通して工場内医療環境の整備に関する方針を示したが、政府による本格的な整備は、一九三八年の工場危害予防及衛生規則の改正まで待たなければならなかった。

表4－6　工場法施行令第7条

一、終身自由ヲ弁スルコト能ハサルモノ	賃金百七十日分以上
二、終身労務ニ服スル能ハサルモノ	賃金百五十日分以上
三、従来ノ労務ニ服スルコト能ハサルモノ，健康旧ニ復スルコト能ハサルモノ又ハ女子ノ外貌ニ醜痕ヲ残シタルモノ	賃金百日分以上
四、身体ヲ傷害シ旧ニ復スルコト能ハスト雖モ引キ続キ従来ノ労務ニ服スルコトヲ得ルモノ	賃金三十日分以上

健康保険法は、あくまでも一時的な労働能力の喪失に対する保護を眼目としており、一つの傷病につき「療養給付及傷病手当金」の支給期間は一八〇日間に限定されていた。そのため、療養が一八〇日を超過するような負傷を抱えた者は、健康保険法の範疇外に置かれた。先行する工場法施行令においては、工場内災害に被災した労働者に対する扶助規定が定められ（表4－6）、療養中の休業扶助料に加えて、障害の程度によって工業主は扶助額を支払うことが義務付けられた。ただし、その扶助額には限りがあり、障害を抱える労働者は、扶助額支給後の生活において少なからずの困難を伴うこととなった。三節では、長期的療養が必要になったり、障害を抱えたりした工場労働者に対する内務官僚のまなざしを検討していく。

第四節　「産業癈兵」の誕生

一　河原田稼吉による「産業癈兵」への認識

第一次世界大戦後に「癈兵」による待遇改善運動が活発化するなかで（松田二〇一九）、内務省社会局労働部長であった河原田は、一九二六年に、工場・鉱山内の災害による「不具癈疾者[14]」を「産業癈兵」と呼称した。「癈兵」とは、兵役義務の履行によって障害を抱えることになった人々を呼称した言葉である。河原田は、第一次世界大戦後の社会状況を念頭に置きながら、「産業癈兵」について「健康の危険に日々直面しつゝ産業労働に従事して其の精力と生命とを之れに献ぐるものは、国家社会に対する奉仕を為すものに外ならない」と述べ、その存在を称えた（河原田 一九二六：一六、新川二〇一九：五九）[15]。その一方で、河原田は「産業癈兵」が「人生を呪ひ社会を恨むに至ること」を危惧していた。この根拠として、河原田は社会局が実施した「不具癈疾となりたる労働者」への調査結果を挙げている（河原田 一九二六：一七）。この調査とは、内務省社会局が一九二四年に実施した「工場并《ならび》鉱山ニ於ケル業務上ノ不具廃疾者ノ現状ニ関スル調査」を指していると推測される。河原田曰く、一九一六年から一九二四年までに、工場法適用工場及び鉱山のなかで災害によって重傷を負い労務が困難となり扶助を受けた者、療養期間が三年以上となり扶助を打ち切られた者を含む労働者二四五五人の生活状態を調べた結果、二四五五人のうち七三五人は行方不明、一四九名は死亡、死亡者のうち自殺一三名、病死一三六名、病死者の五六％は、扶助を受け始めた時点から二年以内に亡くなっていたという。また、死亡者の遺族九九のうち、「生活に多少の余裕あり」と認められるのは二家族であり、残りは生活困窮に陥っていた（河原田 一九二六：一七）。生活困窮の具体的状況としては、無収入三三％、一〇円以下二六％、二〇円以下一三％、三〇円以下一八％、四〇円以下九％であった。九割が男性であり、二〇歳以上三〇歳未満の物が多数を占め、「産業癈兵」の「扶養者」は、工場の場合、父母四一％、夫婦二七％、兄弟姉妹一〇％であった（河原田 一九二六：一八）。こうした現状の一方で、健康保険法は扶助及び給付の期間が短く、療養が長期に及び「永久不具」になった場合の対応が難しいと河原田は考えており、工場法、鉱夫労役扶助規則の扶助金額の増額と、癈疾保険制度の樹立を提案した（河原田 一九二六：一九―二〇）[16]。

河原田による制度充実に関する提言は、第二節で検討したような工場労働者の身体を巡る状況が深刻化するなかで重要な指摘ではある。ただし、河原田の提言には注意が必要である。ここで、長廣利崇の研究（長廣 二〇一四）を参照したい。一九一六年に施行された工場法施行令によって工場内災害の扶助の詳細が明確となり、第六条によって療養中の扶助料支給が、第十四条で扶助料打ち切りの規定が、第七条で障害が残った場合の扶助額の等級が定められた。この等級は、労働が可能か、不可能かによって判断されるものであったが、具体性に乏しかったため、一九二七年に社会局長官によって地方長官と鉱山監督局長に「身体障害ノ程度ニ関スル件」が通達された。この内容が負傷部位によって等級を峻別しており、工場法施行令第七条との間に矛盾が生じた結果、労働できる者も労働できない者として見なされ、生産現場から追放されることもあった。その結果、一九三六年の工場法施行令改正に伴い該当箇所が修正され、「身体障害等級及障害扶助料金表」が明示された。つまり、工場法施行令第七条一に該当する労働者が生活困難に陥る一方で、制度の不備によって、負傷による障害があるけれども働くことができ、生活に困窮していない者も存在していたのである（長廣 二〇一四）。そうしたなかで、河原田は「産業癈兵」という呼称を創り、その生活困窮具合を強調した。

さらに、河原田が参照した調査回答者は男性労働者が大勢を占めていたことにも着目したい。同調査の方法を詳しくみてみると、①工場法施行令第七条鉱夫労役扶助規則第二十條第一号「終身自用ヲ弁スルコト能ハサルモノ」②同第二号「終身労務ニ服スルコト能ハサルモノ」③工場法施行令第十四条鉱夫労役扶助規則第二十七条「打切扶助」④「官業ノ工場鉱山其ノ他ノ事業ニ於テ大正五年九月以降業務上ノ傷病ニ因リテ障害ヲ受ケタル労働者ニシテ傭人《ようにん》扶助令又ハ共済組合ノ規定ニ依リ前三項ニ相当スル扶助ヲ受ケタルモノ」を対象に「業務上ノ傷害ニ基ク不具癈疾者票」に記入させる方法で実施している（社会局 一九二六：一―二）。[17] その結果、①は二八四人（うち男性二五四人、女性三〇人）、②は二二一〇人（男性一九八一人、女性二二九人）、③は一一八人（うち男性一一二人、女性六人）が該当し、全体二六一二人中、男性が二三四七人、女性が二六五人であり、男性が八九・九％を占めた（社会局 一九二六：五）。河原田が「産業癈兵」という言葉を用いた理由は、調査回答者が主として男性であり、工場内災害による生活困窮者が男性労働者であるという認識が存在したことを意味していると言えよう。

ただし、この調査において、女性労働者の存在が無視されていたわけではない。「無職業者」となっている者は、①は男性六七％、女性九二％、②は男性二五％、女性六五％、③は男性三三％、女性一〇〇％であり（社会局 一九二六：八）、女性労働者は男性よりも、工場内災害によって身体に障害を抱えたあと、無職のまま生活をしている者が多いという結果が出ている。河原田は、このような女性労働者特有の困窮状態には触れることなく、「産業癈兵」を論じた。それでは、なぜ「産業癈兵」という呼称をつくりその存在を問題化しようとしたのだろうか。この理由を二にて検討していく。

二　「産業癈兵」に対する「職業再教育」――「同潤啓成社」に着目して

河原田は「産業癈兵」に対する保障の充実を主張したが、その主張は、「産業癈兵」を「職業再教育」を通して「生産社会」へ「招ひ戻」し、収入の確保を通して生活を安定させるという狙いと一体であった。河原田の考えには、同潤啓成社の存在が影響している（河原田 一九二六：二〇）。同潤啓成社は、財団法人同潤会[18]による事業の一つであり、関東大震災によって「不具トナリタル者」「不具者ニシテ罹災シタル者」を対象に、「職業ノ講習及ビ授産場ノ経営」「義肢ノ研究及ビ製作」「其他不具者ノタメ必要ト認ムル事業」から出発した（長岡 一九二五：四九）。社会局長官であり同潤会理事長でもあった長岡隆一郎は、一九二五年の時点で「震災不具者及罹災不具者」の収容の次は、「戦公傷者遺族」、「産業及交通事業によりて負傷したる者」「一般不具者」の順に事業を拡大していく方針を示していた（長岡 一九二五：五五）。長岡曰く、このような方針の背景には、第一次世界大戦後における、「癈兵院制度」から「負傷癈兵」への再教育へ、という国際的潮流が存在しており、長岡は「文明の世界に癈兵なし」「最早現代に不具者なし」「科学は不具を征服せり」「人間は一肢にして充分、二肢を有する寧ろ贅沢の沙汰なり」という標語を参照した（長岡 一九二五：五六）。つまり、長岡は、障害を「征服」するものと位置づけながら、「同潤啓成社」事業の意義を主張したのである。

長岡が指摘するように、一九二一年九月にはイギリス、フランス、イタリア、ポーランド、ドイツ、オーストリアの「癈兵代表者」が「癈兵の治療及び義手義足の供給、癈兵の国際的保護、及び産業への再参加に関する問題を研究せんこと」を国際労働局に要求し、一九二二年三月から専門家による検討が開始されている。ここでいう「癈兵」とは、戦争による負傷者のみならず、第一次世界大戦以前から「産業で負傷して不具になった人々」も含まれている（同潤会同潤啓成社 一九二四：一―五）。また、国内に目を向けると、益富政助が、一九一九年に日本における肢体障害者に対する職業教育の嚆矢である負傷者職業学校を創立し、一九二六年には鉄道公傷者職業組合も結成された（山田 二〇一三：一一六―一一八）。

こうした国内外の潮流のもとで、同潤啓成社の事業は順調に拡大し、一九二八年に同潤社から分離した。この時点で「入社人員」二七四人、「修了人員」一三〇人、「中途退社人員」七三人、「現収容人員」七一名に達し（同潤会 一九三四：六三）、一九二九年三月時点では、当初の対象者であった震災による被災者が減少する一方で、「産業交通業等の負傷者」が増加傾向にあり、入社した人数三一一人のうち、一一八人（三七・九%）となっている（社会局庶務課：一九二九：一七二）。さらに、工場・鉱山の経営者や社会事業団体が、業務上生じた「不具者」の「職業講習」を依頼するケースも増加しつつあった（社会局庶務課：一九二九：一七三）。

それでは、同潤啓成社は、具体的にどのような「再教育」をしようとしたのだろうか。同潤啓成社では、障害を克服するためには技能の向上以外にないという考えが存在した（山田 二〇一三：一一三）。こうした方針のもとで、「洋服科（三ヶ年）」「婦人小供服科（一ヶ年半）」「ミシン裁縫科（一ヶ年半）」「家具科（二ヶ年）」「籐細工科（一ヶ年）」「塗工科（二ヶ年）」「玩具科（一ヶ年）」「履物科（二ヶ年）」「刺繍科（手縫二ヶ年ミシン一ヶ年）」が存在し、これらの「月謝」はなく、受講者は修了間際になると出来高に応じて賃金を得て、卒業後は「独立営業資金貸付」も受けることができた。また、寄宿舎にも入居可能であった[19]。山田は、同潤啓成社の「再教育」が大きな成果を挙げたと評価し、卒業生の四〇%が自営業につき、四四%が就職したと指摘する一方で、技能重視の方針ゆえに、障害状況によっては入社が認められない者も存在したことに言及している（山田 二〇一三：一一一—一一二）。実際に、入社資格は「不具癈疾者」でありながらも「体質強健にして講習に堪へ得る者たる事」「性質着実穏健なる者たる事」といった条件が設けられていた[20]。つまり、心身ともに「健やか」である者しか「再教育」を受けることはできなかったのである。言い換えるならば「産業癈兵」が「再教育」を通して身に付けた技能を活用し就労することを通して、「産業癈兵」から脱却すること、つまり救貧政策の受給者ではなく、「自立」した労働者として生産現場に戻ることを志向していたからであろう。

さらに、同潤啓成社の「再教育」の受講者のうち女性は極少数に限られたことに着目したい。全体のうち、「社内講習生」は、男性六八人、女性八人、「社内委託講習生」は男性七一人、女性六人であり（社会局庶務課 一九二九：一七二―一七三）、九割は男性であった。これは、先述したように、工場内災害による男性労働者の負傷件数が顕在化した状況と無関係ではないだろう。つまり、負傷した男性労働者に対しては、「産業癈兵」という呼称が付与されたうえで「再教育」の環境が整えられつつあったのである。

このようにして河原田、長岡が、「再教育」を通じた生活再建を主眼に置く理由は、「産業癈兵」の生活困窮状況や、第一次世界大戦後の社会事業の国際的潮流と無関係ではないが、国内の経済状況にも目を向ける必要がある。彼らが「産業癈兵」に着目したのは、それが「産業政策上亦極めて重大なる事柄」であり、その理由は「世界市場に於ける一国生産競争の能力を著しく阻害するから」であった（河原田 一九二六：一六、新川 二〇一九：五九）。河原田曰く、工場法または鉱業法に基づく事業主の扶助額は年々増加し、一九一七年から一九二四年までの間に工場一六七九万円、鉱山において三〇七一万円の「巨額」に達したという（河原田 一九二六：一七）。つまり、「産業癈兵」が増加し、その存在が無視できない状況になるなかで、「産業癈兵」が国家に負担を強いないようにするために、「産業癈兵」に「自立」させる途を用意したのであった。

ここまで、内務官僚が工場内災害の被災者へ向けたまなざしを検討してきた。当該期は、工場内における男性労働者の負傷状況が、社会局技師による論文によって可視化されていく時期であった。また、国際社会をみると、第一次世界大戦後の産業分野における負傷者に対する再教育が、各国の協働のもとで検討されていく時期でもあった。こうした国内外の事情を背景にしながら河原田・長岡は、工場内災害によって負傷し、障害を抱えた労働者を「産業癈兵」と呼称し、その存在に名誉を付与した。しかし、彼らが障害者として存在することは許容しないまま、彼等を「自立」させる方途を摸索したのであった。

第五節　男性工場労働者と女性工場労働者の負傷・疾病対応の相違とは

本章の課題は、戦間期の工場内災害の実態についてジェンダーの視点から検討すること、負傷したり障害を抱えたりした労働者の社会的位置を解明することであった。この検討から明らかになったのは、工場法成立期における女性労働者間の疾病の蔓延が抜本的に改善されないなかで、戦間期にはスペイン・インフルエンザのパンデミックや、機械器具工場・特別工場の未熟練男性労働者の重死傷者の発生が深刻化し、労働者全体の健康問題が顕在化したということである。しかし、工場規模や地域による医療環境の格差が解消されないままに大規模工場を有する企業だけが医療環境を充実させたため、現場の医師が専門知を発揮できる場は少数に限られた。また健康保険法施行後の診療方針において、診療を抑制するような傾向が強まり、生産現場で重傷を負った労働者は適切な治療が加えられなかったものと考えられる。加えて、彼らが長期療養が必要となったり、障害を抱えたりした場合、工場法施行令や健康保険法といった短期治癒を念頭に置く社会政策からも排除された。内務官僚は、国際社会の動向を踏まえながら、彼らを「産業廃兵」と呼称し、「再教育」の方途を整えるかたちで包摂しようとしたが、それはあくまでも彼らが再び「社会の役に立つ」ための「自立」策に過ぎなかった。

ただし、社会政策からも生産現場の医療環境からも排除された障害を抱えた男性労働者以上に、女性労働者は「放置」されたといえるのではないだろうか。大企業の女性労働者に対しては手厚い保護が実施され、医療環境が整備されつつあったことは確かであるが、女性労働者のあいだで蔓延した結核に対しては、一九一三年に石原修による問題提起がなされ、一九一七年に公立結核療養所が設立され、一九一九年に結核予防法が制定されたとはいえ、一九一八年に結核死亡率が人口一〇万対二五七・一というピークを迎え、なおかつ一九〇〇年から一九三〇年にかけて、女性の結核罹患者が男性の罹患者を超過した状態が継続していく（岩崎 一九八一：四一三―四一四）。また、サンドラ・シャールが指摘したように、一九二七年の工場付属寄宿舎規則において一人当たりの寝室の面積が一・五畳以上という規定が示され、寝具を複数人で共有しない方針となったが、清潔に関する事項は曖昧なまま施行され、結核の蔓延防止策が徹底されないなかで、事業主は彼女たちに対して、「国民の心身の健康」を維持するための精神的修養を通じた教化・統制の努力は惜しまなかった（シャール 二〇〇九）。一方、工場内災害による男性労働者の負傷件数が増加しつつあった時期には内務官僚や社会局技師が論考を通して次々と問題提起をし、生活再建を行うための方策を整えようとするまでには時間を要さなかった。

さらに、専門職の処遇に着目すると、石原修は紡績業者から恨みを買い、一九三五年には大阪帝国大学を退職し、その後目立った活動は見られない一方で（三浦 一九八四：一―九）、戦間期に調査研究を次々と発表した社会局技師に対してはこうした社会的制裁はなく、むしろ内務官僚は医師に問題解決の期待を寄せた。こうした非対称性は、負傷と比較すると、感染症対策は困難が伴った、女性労働者の健康問題が顕在化した時期の方が早く、その時期は産業衛生に関する理解が進展していなかった、という理由だけで説明するのは充分ではないだろう。男性労働者の健康問題の解決は重要視され、女性労働者の健康問題は二の次にされたのではないか。その背景には、姫岡とし子が指摘しているような、工場法制定過程において方向付けられたジェンダー秩序が影響を及ぼしているものと考えられる。つまり、女性労働者を「軍事的に強力な国家建設のために健康な子どもを産む母であり、社会基盤の安定のために居心地のよい家庭を作る妻であり、しかも二流の補助労働力として国民経済を支える労働者」として位置づけるジェンダー秩序が（姫岡 二〇〇四：一三七―一三八）、戦間期にも継承され、同時期の女性労働者の健康問題への対応の不徹底に繋がったのではないだろうか。それは、男性労働者を念頭に置き、女性労働者の存在を不可視化する「産業癈兵」という呼称にも表れている。さらに、男性労働者の負傷状況に対する迅速な対応の根底に、障害を抱え働くことができなくなることへの危惧が存在したと仮定するならば、男性は労働不能な状態を避けなければならないという社会通念が影響したと言うこともできるだろう。

本章では、労働者の心性については言及することができておらず、特に男性労働者が障害を抱えた身体をどのようにまなざしたのか、それが「男らしさ」の価値とどのような関係があるのか、については未検討である。今後は、生産現場におけるジェンダー構造と共に労働者の生活世界についても検討することが課題である。

〈注〉

（1）厚生労働省「令和四年労働災害発生状況の分析等」https://www.mhlw.go.jp/content/11302000/001257469.pdf（二〇二四年九月四日閲覧）。

（2）厚生労働省「業務上疾病発生状況等調査（令和四年）」https://www.mhlw.go.jp/stf/newpage_34778.html

（二〇二四年一月一〇日閲覧）。

（3）前掲厚生労働省「令和四年労働災害発生状況の分析等」。

（4）厚生労働省「令和四年 外国人労働者の労働災害発生状況」https://www.mhlw.go.jp/content/11302000/001257473.pdf（二〇二四年九月四日閲覧）。

（5）旧官庁制度において、技術に関することを職務として担当する高等官、もしくは高等官待遇の者を技師と称した。

（6）「工場災害概況」（一九二七：三一）『産業福利』二（一）。

（7）工場監督官は一九一六年に設置された役職である。農商務省商工局・工務局、内務省社会局、厚生省労働局と府県警察部工場課もしくは保管課に配属され、「事務」「衛生」「技術」の三つの職務があった（副田 二〇一〇：六七―六八）。現在の労働基準監督官の前身である。

（8）農商務省商工局編（一九〇三：二三―二八）に基づき執筆者算出。なお、平均値において、各項目の未記入分は含まない。

（9）農商務省商工局編（一九〇三：二三―二八）に基づき執筆者算出。

（10）「健康保険の診療方針」（一九二八：一〇六）『生命保険会社協会会報』一七（三）。

（11）一九二八年一二月に定められた方針は、一九三六年一〇月に改正され、「健康保険の診療は被保険者の体質並に精神的、職業的性等を顧慮し傷病及労務不能を速に除去する為最も適切なる方法を講ずべきものとす」という文言に変更された（中川・笠井 一九三七：三五―三六）。

（12）「第四回産業衛生協議会に対する社会局長官諮問「労働者保護上工場医局の使命を全ふせしむべき方策如何」に関する答申」（一九三二：三八九）『産業衛生協議会報』一八。

（13）同上、三九〇頁。

（14）ここでは負傷や疾病により身体に障害を持つ者のことを指す。

（15）一部文言の変更があるものの、河原田（一九二六）とほぼ同一の内容が『社会医学雑誌』四六九にも掲載されている。

（16）河原田の提案は一九二六年の工場法施行令改正によって具現化し、工場法施行令第七条一の扶助額が賃金五四〇日分以上、二が三六〇日分以上、三が一八〇日分以上、四が四〇日分以上に、打切扶助料も一七〇日分以上から五四〇日以上に改善された（労働省　一九六一：二二六―二二七）。

（17）該当頁では「癈疾」ではなく「廢疾」となっていたため、本論文においてもこの部分は「廢」の字を使用している。

（18）関東大震災後の住宅難の問題を背景にして設立された財団法人が、同潤会である。一九四一年に、住宅営団が発足したため、事業を移管し解散した。

（19）執筆者不明（一九二六）「産業癈兵の福音――不具者再教育機関の施設」『産業福利』二（八）：四二―四三。

（20）前掲「産業癈兵の福音――不具者再教育機関の施設」：四二―四三。

（21）榎は、郡是製糸株式会社における看護婦の配置や勤務実態を通して、「医療の社会化」に対する社会的要求の高まりと、それに対応する企業の姿を照射している（榎　二〇〇五）。

〈文献〉


青木純一（二〇〇四）「第五章　結核予防法改正（一九三七年）とその背景」『結核の社会史――国民病対策の組織化と結核患者の実像を追って』御茶の水書房。

岩崎龍郎（一九八一）「日本における結核の歴史　結核はヨーロッパ人が伝播したのか」『結核』五六（八）。

榎一江（二〇〇五）「大正期の工場看護婦――製糸経営による看護婦養成の事例から」『大原社会問題研究所雑誌』（五五四）。

――――（二〇二二）「感染症と社会政策――近代日本における非常時と政策形成」『社会政策』一三（三）。

――――（二〇二三）「一九二二年健康保険法の再検討」『社会政策』一五（二）。

風早八十二（一九四八）『日本の労働災害』伊藤書店。

河原田稼吉（一九二六）「産業癈人の保護」協調会編『人と人』六（二）。

同潤會同潤啓成社訳（一九二四）『癈兵就職問題』一、同潤會同潤啓成社。

坂口正之（一九八五）『日本健康保険法成立史論』晃洋書房。

シャール、サンドラ（二〇〇九）「〈瘴気ミアスマ〉と〈国民の心身の健康〉――戦前日本の繊維工業における産業衛生と女性労働者統制の政策をめぐって」『大原社会問題研究所雑誌』（六一〇）。

社会局編（一九二四）『大正拾年　工場監督年報（第六回）』社会局。

――（一九二六）『労働保護資料　第二一輯（工場并鉱山ニ於ケル業務上ノ不具廃疾者ノ現状ニ関スル調査）』社会局労働部。

社会局庶務課（一九二九）『社会局関係事務概要　昭和四年一〇月』社会局庶務課。

社会局労働部編（一九三〇）『昭和三年 工場監督年報（第拾参回）附労働者募集年報』（社会局労働部）。

新川綾子（二〇一九）「〈研究ノート〉一九二〇年代における労働者の「健康」問題と医師の社会的実践」『東京社会福祉史研究』一三。

副田義也編（二〇一〇）『内務省の歴史社会学』東京大学出版会。

塚田治作（一九三六）「本邦に於ける工場診療機関に就て」『産業福利』一一（一二）。

同潤会編（一九三四）『同潤会十年史』同潤会。

長岡隆一郎（一九二五）「財団法人同潤会同潤啓成社事業要覧」『社会事業』九（四）。

日本産業衛生学会東海地方会（一九八六）『日本産業衛生学会東海地方会史』日本産業衛生学会東海地方会。

中川義次（一九三六）「工場衛生問題（四）」『産業福利』一一（四）。

中川義次・笠井勝三郎（一九三七）「健康保険の医療組織及診療方針に就て」『産業福利』一二（七）。

長廣利崇（二〇一四）「第四章　工業化と障害者――工場法施工令の分析」山下麻衣編『歴史のなかの障害者』法政大学出版局。

農商務省商工局編（一九〇三）『各工場ニ於ル職工救済其他慈恵的施設ニ関スル調査概要』農商務省商工局。

姫岡とし子（二〇〇四）『世界歴史選書　ジェンダー化する社会――労働とアイデンティティの日独比較史』岩波書店。

松田英里（二〇一九）『近代日本の戦傷病者と戦争体験』日本経済評論社。

三浦豊彦（一九八四）『労働と健康の戦後史』労働科学研究所。

水野史朗（一九二九）「最近十ヶ年に於ける職工の負傷及疾病」『産業福利』四（二）。

宮本貞三郎（一九一七）「工場法と救済事業との関係」『慈善』八（四）。

山田明（二〇一三）『通史　日本の障害者――明治・大正・昭和』明石書店。

吉阪俊蔵（一九二七）「産業衛生の重要義」『産業福利』二（四）。

労働省編（一九六一）『労働行政史』第一巻労働法令協会。


（新川綾子）

第五章

移住によって観光業へ参入する女性の労働と世代間の再生産

——妊娠・子育て期にカフェ・ゲストハウスを家族経営した女性のライフヒストリー

華やかな観光空間において、観光客は日々の労働から一時的に離れ、束の間の「非日常」という余暇を味わうことができます。

一方、観光客を受け入れる宿や店のスタッフにとって、宿は「職場」、もてなしは「労働」です。さらに民宿やゲストハウスを営む人にとっては「家」という私空間に観光客を招き入れることもあります。そのような場では、もてなすホストらはどのように仕事と家族生活のバランスをとりながら働いているのかを本章では考えていきましょう。

第一節　宿泊業における労働環境

本書では、これまでの章において、社会政策における「労働」領域において「生活」が極限まで排除され、労働力の再生産すらもままならない労働の実態を明らかにしてきた。労働者本人の労働力の再生産が不十分になれば、世代間の再生産も難しくなっていく。ここからは、世代間の再生産も視野に入れながら、「労働環境の不協和音」を捉えていきたい。

本章は、観光業に従事する女性の労働と、出産・子育てといった世代間の再生産を考察することを目的とする。観光業のなかでも、特に宿泊業を対象として扱う。宿泊業は旅館、ホテル、簡易宿所（ゲストハウスや民宿）、下宿業などに分類されるが、これらの宿泊業に共通した労働環境の課題は、第一に、人手不足であり、有効求人倍率も全産業と比べて極めて高い水準となっている（観光庁 二〇二二）。第二に宿泊業は入職率・離職率ともに高く、総じて慢性的な低賃金・長い労働時間、有給休暇取得率の低水準なども人手不足の要因である。第三に改正出入国管理法施行に伴い、外国人材が〝安い労働力〟とみなされたうえで積極的に登用されることが、賃上げを阻み、結果として「やりがい搾取」の状況が続いてしまうことが懸念されている。このようにして宿泊業は「ある意味異常なまでの内発的動機づけを持つ従業員によって成り立っている産業」（神田 二〇一九）である。

こうした宿泊業（・飲食サービス業）は、女性の非正規労働者によって支えられている（安福 一九九七）。「令和三年版 労働経済の分析」（厚生労働省）によれば、新型コロナウイルス感染症の感染拡大による雇用への影響を大きく受けたのは、「宿泊業、飲食サービス業」などの女性の非正規雇用労働者等だった。宿泊業における課題を解決するためには、その労働力の多くを担う女性の生産労働の実態や課題を捉えるだけでなく、女性労働者が負担している家事・育児といった無償労働がどのような実態なのかを解明する必要がある。

そこで、本章では、宿泊業に従事する女性たちの生産労働と再生産労働はどのように切り結ばれているのかという問題意識のもと、温泉地域でゲストハウスとカフェを営んできた女性の生活と労働の個人史に着目する。

第二節　先行研究におけるゲストハウスを運営する女性に関する言及

一　宿泊業におけるゲストハウス

宿泊業は低賃金・長い労働時間、有給休暇取得率の低水準といった共通の課題があるものの、旅館やホテル、簡易宿所（ゲストハウス）[1]といった業態によって、抱える課題や特徴がそれぞれ違うことにも注意する必要がある（例えば井門 二〇一九：大久保 二〇〇三：山本ほか 二〇二二）[2]。本章で対象とするゲストハウスは、ホテルや旅館と異なり、ドミトリーと呼ばれる一部屋に、異なるグループの宿泊者が宿泊できる形態を設けている点や、キッチンや居間、シャワールームなどを共用することが特徴である。鍋倉咲希（二〇二四）は、オーナー、スタッフが宿泊者同士の交流を促す「パフォーマティヴ労働」を行っていることを明らかにした。

一方、こうしたゲストハウスを運営するオーナー、スタッフが家事・育児といった自らの生活とゲストハウスの運営をどのように両立しているのか、ゲストハウスに従事するオーナー・スタッフ間のジェンダー間職務分離は明らかではない。それでは、観光とジェンダーに関する研究は、どのようなことを明らかにしてきたのだろうか。

二　観光とジェンダーに関する研究

観光とジェンダーに関する研究動向は、観光のマーケティングにおける女性性、観光による女性のエンパワメントに関する研究、観光における女性労働、地域社会におけるジェンダー関係などがあげられる（安福 二〇〇三）。また近年では経営的視点からホテル産業における人材の確保あるいは人材育成の強化を目的とした研究が多く、そこから女性のエンパワメントの可能性を検討したものがみられる（五十嵐 二〇一七：森越 二〇一八）。

塩路有子（二〇〇三）は、英国コッツウォルズ地方のゲストハウス経営における男女の労働内容とその関係性を記述し、夫である男性の労働との関係性が女性の意識の変化の主な要因となっていることを明らかにした。「観光関連施設における女性の雇用は、家事労働の延長である低賃金の仕事に限定されがち」であり、女性は賃金労働と家事・育児労働との関係があいまいな場合が多い。

こうした先行研究からは、民宿・農家民宿・ゲストハウスが小規模経営であり、地域社会と深くかかわって経営しており、女性は地域内で共有されているジェンダー観によって働き方が規定されていることが窺える。とりわけ家族経営であるゲストハウス・民宿においては、家族領域の性別分業が、宿泊業にそのままスライドし、性別分業が強化されるなど、家族との関係によっても働き方が規定されていくという特徴があることが明らかである。

一方、これらの研究では、女性が地域とのつながりを持たずに、地域社会との関係が密接な宿泊業に参入する場合、当該地域とのつながりを持たないことが、ゲストハウスを経営することや、家族で経営することにどのような影響を及ぼすのかは明らかではない。塩路（二〇〇三）の事例は、女性も地域とのつながりを持っていることが前提になっている。また、女性が出産、子育てといった大きなライフイベントを経験しながら、民宿・ゲストハウスの経営をどのように両立していたのか、生産労働と再生産労働を同時に論じているものは、管見の限り、見当たらなかった。

三　中小零細企業における経営者とその家族

こうした点に答えているのが、宮下さおりの絹人絹織物業の中小企業における経営者とその家族の研究である（宮下 二〇二二a：二〇二二b）。宮下は絹人絹織物業を取り上げ、時間・空間が未分離であり、家事と仕事を自分の休養を削って「やりくり」しながらも事業に引き寄せられて家業を手伝うのが当然とされてきたことを明らかにした。さらには、家父長的構造によってだけではなく、法制度上からも年次有給休暇や産前産後休暇（以下、産休）といった労働者としての社会的保護からも外されていることを提示した。

宮下のように小規模家族経営に従事する女性は自分の休養を削りながら仕事をし、職場と家族領域に明確な区切りはない。この実態は、家族経営のゲストハウスにおいても同様である。それでは、ゲストハウスを運営する女性は、職場と家族領域を架橋する多岐にわたる労働を、どのようにこなしているのだろうか。

そこで本章では、宿泊業のなかでも小規模経営で職住が不分離という特徴を持つ簡易宿所（民宿・ゲストハウス）に従事する子育て期の女性の労働と家族生活を対象に据え、多岐にわたる労働をどのように担っているのかを明らかにする。その際、地域における関係に着目しながら考察していく。

第三節　ゲストハウス運営の多岐にわたる労働を捉える方法

先述のリサーチクエスチョンを明らかにするために、温泉地域でゲストハウス・カフェの経営に携わる女性にインタビュー調査をした。ここでは、インタビュー調査の概要とインタビューデータの分

表5－1　インタビュー調査項目

1	当該地域へ移住してきた経緯
2	宿泊業に従事した理由
3	有償労働と無償労働の両立の負担，困難，支援についての経験
4	地域コミュニティとの関わり
5	コロナ禍の経験も併せて，自身の就労についてどのように考えているのか
※特に3については，夫，親，職場，労働組合，地域コミュニティからのサポートや支援制度について特に詳しく質問した	

析視点を論じていく。

一　インタビュー調査の概要

本調査は、日本私立学校振興・共済事業団「二〇二二年度 若手研究者奨励金」によるものであり、対象地域Qにおいてゲストハウスを営む女性労働者を対象にした。調査日は二〇二二年九月一〇日から九月一二日である。ゲートキーパーからの紹介を通して該当する対象者を紹介してもらった。調査時間は二時間ほどであり、調査項目は表5－1の通りである。

本章では、このインタビュー調査の中から、A氏を取り上げる。A氏の略歴は、表5－2の通りである。

A氏を分析対象に据えた理由は、地域とのつながりを持たない中で、地域とのつながりを形成しながら、カフェ・ゲストハウスといった観光業に関わってきた経歴をもつからである。さらに、夫が別の職業に従事をしているのではなく、夫との家族経営によって、観光業に携わってきた。そのため、夫と仕事の空間も家族の空間もすべてが共有されている中でA氏がどう生活と労働を切り結んでいるかをみることができる。A氏は、家族・移住・観光という研究領域を架橋する対象であり、女性労働研究と観光研究を射程に入れて議論するのに重要な対象である。各研究領域に散逸されていた議論を集約して、観光業に関わる女性労働者の労働と再生産労働を

表５－２　Ａ氏の略歴

年	年齢	出　来　事
1999	20代	短大を卒業後，都市部の雑貨店で働く
2002	20代	都市部で知り合った夫と付き合い始める ワーキングホリデーでフランスに滞在する
2007	20代	夫が対象地域ＱにＵターンする 都市部の雑貨店で働く
2010	30代	結婚のために，都市部の雑貨店を辞め，地元に戻る 夫がNPO法人を設立し，「まちづくり」事業を始める
2011	30代	夫が事業拡大のために，株式会社も開業する
2012	30代	株式会社開業を機に，結婚して対象地域Ｑに移住する
2012	30代	カフェを開店し，Ａさんが切り盛りする 第１子出産 夫の両親が定年退職し，対象地域ＱにＵターンする
2015	30代	ゲストハウスを開業
2017	30代	第２子出産
2020	40代	新型コロナウイルス感染症の世界的流行
2022	40代	夫の株式会社を退社する

出所：筆者作成

捉えることが可能になる。

加えて、本章では、女性の経験を重視する。結婚、夫に随伴するかたちでの移住をきっかけに観光業に参入し、家事・育児と両立しながら観光業で働く、とりわけ、カフェ・ゲストハウスを経営する過程を描写していく。

二　インタビューデータの分析視点

インタビューデータは、第一に女性の労働が家族経営の中でどのように扱われているのか、第二にＡ氏自身も「労働」と認識していないような多様な労働の実態、第三に「家庭」、職場と地域といった空間に着目しながら分析する。

第一の女性の労働が家族経営の中でどのように扱われているかは、宮下（二〇二二）の枠組みに依拠する。本章では、特に制度的側面の中での女性労働者の扱い、すなわち、給与および妊娠・出産時における給付や手当に着目する。

第二の視点は、A氏自身も「労働」と認識していないような多様な労働の実態である。これまでの女性労働研究で蓄積されてきた議論を踏まえ（例えばグラックスマン 二〇一四）、「労働」概念を、社会政策上の「労働」よりも広く捉え、カフェ・ゲストハウスでの生産労働以外に、家事や育児といった「家庭」内労働も含めて、すべての労働を包括的に捉えていく。

第三の「家庭」と職場、地域といった空間への着目は、グラックスマンに依拠する。グラックスマンは、賃労働に限られない多様な労働の連関を捉える際には、空間の視点を挿入することの必要性を主張した。すなわち、空間の視点の導入によって、ジェンダーによって分離された「家庭」と仕事の関係や、「家庭」内の仕事の分断、居住地に対する帰属意識やアイデンティティ、ひいては、人々が暮らし、つくりあげた空間ネットワークの多様なつながりを分析できるようになると述べる（グラックスマン 二〇一四：二六六）。本章においても、こうした空間の視点をもつことを重視し、A氏がカフェ・ゲストハウスを営む上で、どのようなつながりを築いたかを注視する。

第四節　移住、ゲストハウス／カフェ経営と出産子育て

ここでは、地域、カフェ・ゲストハウス、「家庭」という三つの空間に着目しながら、インタビュー対象者A氏の個人史を記述していく。A氏は夫の「Uターン移住」に付き添い、地域活性化プロジェクトに関与した。A氏の個人史を分析する上で、留意したいのは、ゲストハウスを開業する前に開店

したカフェの経営時に、ゲストハウスの経営における自身の労働問題を、先取りして経験したことである。A氏の語りはカフェに焦点が置かれるが、ゲストハウスの運営で現れる問題を、カフェの経営時に経験したからこそ、ゲストハウスの運営は従業員に任せ、A氏は徐々にゲストハウスやカフェの経営から退いていったと捉えることができる。

以下では、夫の「観光を基点としたまちづくり事業」に随伴し、家族経営で支えてきたA氏の個人史を、第一に地域での労働、第二にカフェ・ゲストハウスでの労働、第三に育児という家族的労働に着目して論じていく。

一　地域社会ネットワークへの参入と関係の構築――地域での労働への着目

対象地域Qは、都市部から百キロほど離れた地域にある温泉リゾート地である。先行研究によると、新幹線の開通した一九六〇年代から七〇年代頃に団体旅行に対応できるよう、当該地域の旅館では「仲居」の地位が確立され、旅館が大型化した。しかしながら、九〇年代のバブル崩壊以降、宿泊客数は減少し、老舗のホテルや旅館が閉鎖され、従業員のパート比率も上昇するようになった。

A氏は二〇一〇年初期に移住し、当時シャッター街になっていた商店街の一角を借りて、夫とともにカフェを開店し、カフェ開業の三年後にゲストハウスを開始した。二〇一〇年当時、老舗の温泉旅館が多かった当該地域は、カフェやゲストハウスはめずらしいものだった。

A氏の移住の経緯は、夫の地元へのUターンに帯同するかたちであった。もともと「まちづくり」関わりたいという想いのあったA氏の夫が先に出身地である対象地域Qに戻り、起業に向けた準備を重ね、結婚を機にA氏も対象地域Qに移った。阿部正太朗ら（二〇一〇）による地方圏へのUIJ

ターン人口移動に関する調査によれば、UIターンの男性は九割が主移動主移動女性は随伴移動が多い(3)。当該調査地域Qは、A氏の移住当時である二〇一一年頃は、特に凝集性の高い地域であり、その社会関係のなかに参入するには、戸惑いもあったという。

A氏の出身地は対象地域Qと同じ県内にあり、距離も三十キロほどしか離れていない。対象地域に住み始めることへの抵抗は無かったものの、移住後に、「全然私の地元とかとは環境がまったく違うし、想像もできなかった」と驚きや戸惑いを感じたという。その様子をA氏は「ここ本当に村なんです」と語り、その内実を「しゃべったことが次の日には町中に知られてるぐらい人間関係が密な感じ」と表現した。加えて、A氏は、同じ商店街において店を営む店舗の経営者の妻を、「お母さん」と呼び、自身との関係を〝嫁〟や〝後輩〟と、疑似家族的に説明する。

「私がやってきた辛い事とかも、こんなのあったけど」みたいな。そういうことを言ってきて。母なのか、嫁姑なのかわかんないんですけど、そういうノリで、店の経営とかそういうのには、まったく声かけてこなくて。

塩路（二〇〇九）は、英国コッツウォルズでの民宿経営の三つの事例をあげながら、民宿経営における女性の役割について、「地域ネットワークの中で観光のジェンダーへの影響を考える上で、女性の出自やその夫の出自による地域とのつながり、さらにその家族や親族の仕事や学校を通した地域との関係性も重要な要素となることを示している」（塩路 二〇〇九：六六）と述べている。塩路のあげた事例のなかでは「観光案内所」の運営の手伝いを通して地域とのつながりを獲得し、それまで「点」でしかなかった民宿経営も案内所の仕事によって地域ネットワークの中に位置づけられる。

A氏にとって、「商店街」という地域とどのような関係を結ぶかは、カフェ・ゲストハウスを地域のネットワークの中にいかに位置づけられるかという点で欠かすことのできない活動、ないし労働だった。しかしながら、Uターンした夫と異なり、A氏は移住してきたため、対象地域Qでは、ゼロから関係性をつくる必要があった。毎日、店に立ちながら、近所の人が入れ替わり立ち替わり、店に立ち寄るのに応え、挨拶して、関係性を築いてきた。その結果、後述するような第一子妊娠中のハプニングが起きた際にも、「お母さん」の存在が一番助けになったと思えるまでに至ったのである。こうしたA氏の地域と家族生活との関わりをみる前に、カフェ・ゲストハウスの経営についてみていきたい。

二　カフェ・ゲストハウスの運営——生産労働への注目

前述のとおりA氏の夫が、結婚前に対象地域QでNPO法人を立ち上げ、その後都市部で働いていたA氏を呼びよせ結婚し、一緒に暮らし始めた。ここではA氏の担当したゲストハウスとカフェの仕事を論じていく。

A氏の夫は、二〇一一年にNPO法人に加えて、株式会社も開業した。その後事業を拡大し、二〇一五年にゲストハウス、二〇一六年にコワーキングスペース／シェアオフィスの開業などを通して対象地域Qのまちづくりに着手していくようになったが、開業当初は、A氏の都市部での経験を活かして、カフェの創設（二〇一二年開店）から着手した。(4) ここでA氏は店の立ち上げから接客まで担当した。カフェの開店準備をしていた時期に妊娠がわかり、つわりを抑えながら働いていたという。

A氏は、夫が二〇一一年に設立した株式会社に一〇年間在籍した。A氏が退職する数年前から、給与体制や労働時間の管理にも取り組み、有給休暇の取得率を上げるなどの動きはあったものの、立ち上げ当初の状態は、A氏いわく「無法地帯」だったという。そもそも、従業員を十分に雇えない状況下にあって、「やろうと思ったことは自分で全部やらなきゃ」いけなかった。経営の見通しも不安定なため、経済的不安を抱えながら、妊娠した身体で長時間働いたという。

もう、ここに店もあるし、借金どんどん赤字になってくから、どうにかしなきゃみたいな。店をまわさないと、生活していけないので、とにかくまわすことを一生懸命考えてたんです。ただ、一番これはまずいと思ったのが、結構お腹大きいときに、まったく座りもせずに一日中、一二時間以上働いてたんです。帰りに、もう歩けなくなっちゃって。当時、お金も心配だったんでタクシーを呼ぶ勇気もなくて、歩いて家まで帰って、すごい時間がかかって。そのときにちょっとこれはまずいなと思って、っていうのが何日かありました。でもがむしゃらに働いて。

A氏は社会保障制度の壁にもぶつかる。A氏の場合は、夫が経営者であり、株式会社に雇われていたが、正社員がA氏以外にいなかったため、家族経営であり、雇用関係にないとみなされてしまい、「出産手当がもらえなかった」。A氏は次のように語った。

手当がもらえなかったんです、最初。最初出産したときに出る手当。育休と、そういう手当が。それが幾らかもらえてっていうのがあるんですけど、それが私の場合、夫が代表で私が妻だと第三者みたいにちゃんと、この人働いていますっていう監視する人が一人?　当時ですけど。一人じゃなくて、もう一人か何か必要で。

A氏は、雇用保険の加入の有無、出産手当と育休手当を混同して理解している可能性がある。[5] だが、認識として「もらえない」と考えてしまうくらい、行政と交渉する余裕がなかったり、自分自身ももらえないものだと認識してしまったりする家族従業者の問題をA氏は語ったと捉えることができる。

このように、A氏は、妊娠・出産期を経て、五年間はカフェ事業に従事してきた。そして、A氏が夫の株式会社で働き始めて、五年目にゲストハウスを開業することとなる。ゲストハウスの業務に従事する頃には少しずつ労働時間を減らし、退職する二〇二二年以前は扶養の範囲内で働くようになったとA氏は語る。[6] 夫の株式会社を辞める直前に、A氏がゲストハウスで担ってきた仕事は「隙間産業」だとA氏は語った。スタッフの手が足りていない掃除や洗濯など、サポートとして入るようになった。ゲストハウスを運営する頃には、スタッフの数も増え、A氏がカフェの立ち上げ当初に担っていた〝おかみ〟のような役割も、ゲストハウスでは、雇った従業員に任せた。

A氏は、〝おかみ〟としての役割を譲った後、最後は事業を運営するために必要なところに入るという、いわゆるケア的な役割を担った。従業員を雇えるようになるまでは、まさに、A氏の夫の事業は、A氏の労働時間も関係なく、誰も担わない業務の遂行によって支えられてきたのである。

三　妊娠・出産・子育てを経た困難さ――「家庭」内労働へ注目

それでは、A氏はカフェ・ゲストハウスの立ち上げ期の「労働時間も関係ない」時期を、どのように妊娠・出産・子育てと両立させながら過ごしてきたのだろうか。ここでは、第一に妊娠時の周囲のサポートと場所の切り分けられなさ、第二に出産後の預け先や時間の切り分けられなさから論じる。

（一）妊娠時の周囲のサポートと場所の切り分けられなさ

A氏は夫が「まちづくり観光」を担う株式会社を設立し、カフェの出店に着手し始めたときに妊娠した。妊娠期は、本来ならば、業務量を調整し、休息の時間を確保することが必要である。だが、前述の通り、A氏は、事業を立ち上げたばかりである経済的不安と、人手不足の中、妊娠中であっても長時間働き続けることとなった。また夫も、事業の立ち上げに追われていたため、A氏をケアできるゆとりもなかった。当時をふりかえり、A氏は、初産の心の支えになる存在は「本当に無かった。夫が頼りにならなかったので」と語った。A氏のまわりには、子どもを産んだ経験のある友人もおらず、A氏自身も「辛い」ことを表に出すのが苦手なタイプであり、なかなかまわりを頼ることができなかったという。

このような状況下において、A氏が「お母さん」と呼ぶ、同じ商店街において店を営む店舗の経営者の妻との関係性が、A氏の心の支えになった出来事があった。

　妊娠中にこの商店街でスッ転んだことがあったんです。ここら辺、血まみれになって、逆子になっちゃったりしてたんですけど、それでも店に立ってたんです、病院に電話しながら。そしたらさすがに商店街の人たちが心配して「いい加減、店立つの辞めろ」とか言って来てくれてたんですけど、まわりの老舗のお母さんたちが、ずっとあの世代は働いて子どもを育ててきた世代なので、「私は妊娠の臨月のときに階段から転げ落ちたけど、三日で治して店に立ったわ」と話に来るんです。でもそれが私にとっては結構助けになったと言うか。もう「転んでも大丈夫よ」みたいな、一人じゃなくて、みんなそういう感じの同じ言い方するんです。だから、みんなそうやってきたんだなっていうのを感じて、それが一番気が楽になったというか。それが一番支えになった。

カフェの起業に関して経営者の妻としての苦悩を共有できる仲間がいない中で、家族経営の中で働いてきた同じ商店街の経営者の妻たちが、彼女たち自身の娘や嫁と同じように、A氏に接してきた。経営者の妻たちが「自分も嫁として来た」と昔の経験を「自分はこれだけ大変だった」と語ってくれることは、A氏にとって、地域に同じ経験を持つ存在がいることを知るきっかけになり、心の支えに変わっていった。

そもそもA氏が産休を取らずに働き続けた背景には、産休に入った直後に、当時雇用していたスタッフの突然の離職があった。本来ならA氏は、産休をとり「家」という空間で、出産準備に専念できていたはずだった。しかしながら、家族経営であるがゆえに、人手不足により、出産直前も働くことを余儀なくされた。A氏がいち雇用者として働いていれば、本来ならば、産前休暇時には切り分けられるはずの労働空間が、経営者の妻であるがゆえに、A氏の生活の中に差し挟まれてくるのである。しかも、その労働空間は、商店街という地域社会と密接に関わるものであった。

(二) 時間の切り分けられなさと子育てにシフトしていく過程

ここまでA氏の妊娠期において、空間の切り分けが困難であり、本来ならば、労働空間と切り分けられる時間帯/時期にあっても、経営者の妻であるがゆえに、A氏の生活の中に労働時間、さらには、労働時間の取り巻く地域社会の人間関係が差し挟まれてくる様子をみてきた。この切り分けられなさが、出産後には、時間の切り分けられなさとして現れる。

A氏は、子どもが生まれてから、夜は業務に入らないようにしていた。保育園の閉園夜六時に合わせて、カフェも夜六時に閉店した。カフェのスタッフが週一回、夜にイベントを開催していたが、そのイベントは、企画したスタッフに任せて、A氏は子どもとの時間に充てるなど、A氏は意識して、子どもと向き合う時間を確保してきたのである。

けれども、どんなにカフェでの労働時間を押し返しても、「まちづくり事業」の一環としてカフェを経営している以上、土日や夜に労働時間が食い込むことがある。そのような労働時間の切り分けられなさを抱えるA氏の支えになったのは、A氏にとっての義母、A氏の子どもにとっての「ばあば」の存在である。第一子出産のタイミングで、A氏の夫の両親が、定年退職をして、対象地域QにUターン移住した。A氏の義両親にとって、第一子は初孫であり、子どもを「すごく可愛がってくれた」という。

A氏の子どもが義母に懐いていたこともあり、一歳を過ぎた頃に、試しに泊まりがけで義両親に預けてみたところ、「全然大丈夫」だった。そこから子どもを土曜日の夜に預け、日曜日の夕方に迎えに行くという生活が、一年間続いた。義母にとっても「生きがいみたい」になっていたことから、「ありがたくお願いする」ようになった。そのおかげで、土曜日の夜に入りがちなイベントの運営にA氏も携わることができた。A氏は義母の存在がなかったら「カフェはまわらなかったと思うんです」と語る。

義母だけでなく、実家の母にも頼りながら、A氏はカフェを軌道に乗せる時期を、育児と両立しながら過ごした。そして、夫が株式会社を開業して五年目にゲストハウスを始めてからは、徐々に、A

氏の働く時間を短くし、子育てに時間を割くようにシフトしていった。第一子が二歳を過ぎた頃から、夫も育児に関わるようになり、毎週末子どもを「ばあば」に預けることはなくなっていった。

夫の株式会社の従業員やスタッフも増えてくる中で、A氏が夜に仕事を入れる頻度も変わっていった。特に、ゲストハウスは、たとえ、住み込みで働かず、職住が分離されていたとしても、宿泊客がいる限り、時間で業務を切り上げて帰宅することが難しい業態である。A氏は、カフェの立ち上げ時に、経営者の妻がゲストハウスの業務で対峙するだろう労働問題を先取りして経験していたからこそ、ゲストハウスの業務は従業員に任せ、時間の切り分けられなさに対処してきたと推察できる。

四　見えない「寄る辺なさ」と、あらたな関係構築

本節では、「空間」としての地域、カフェ・ゲストハウス、「家庭」に着目しながら、インタビュー対象者A氏の個人史をみてきた。そのなかでも特に、妊娠・出産・子育ての過程と、地域社会との関係に着目してきた。A氏の夫は、A氏の結婚前から出身地である対象地域QにUターン移住し、A氏との結婚とともに「まちづくり事業」で起業した。A氏は夫の株式会社に雇われ、カフェ事業やゲストハウス事業を担ってきた。

A氏は、移住当初、対象地域Qとのつながりがない中でカフェ事業を担い、移住当初の困難さを抱えながらも、地域の商店街の店主や店主の妻と懸命につながりを持とうしてきた。けれども、出産直前にスタッフが辞め、スタッフの離職の要因として「A氏との確執があったのではないか」と噂されたこともあり、地域の商店街の店主や店主の妻に責められているように感じたこともあった。一方、家族領域では、出身地であり対象地域Qとのつながりがある夫とは、A氏の困難を共有することがで

きなかった。さらに、夫は事業を軌道に乗せることに必死でA氏を気遣う余裕はなく、頼りにならないように見えた。対象地域Qとのつながりのない A氏は、常にまわりに人がいながらも、「寄る辺なさ」を抱えて、商店街という地域社会や、経営者であり、家族形成上のパートナーでもある夫と向き合ってきたといえる。一方、A氏は経営者の妻であるがゆえに、出産時の「手当」を受け取れないなど、社会保障からも取りこぼされてきた。

けれども、A氏は、このような過重労働の状況に巻き込まれるだけでなく、夫の「まちづくり事業」が軌道に乗るにつれて、徐々に自分の時間も取るようになっていく。ゲストハウス事業に夫の扶養で収まる労働時間で関わるようになってA氏には、「ママ友」という商店街以外の地域での人間関係もできた。さらに、夫の株式会社を退職してからは、彫金アクセサリーの創作を生業に据えていく予定である。

このように、A氏は、地域と労働空間が結びついている環境下において、困難を抱え、妊娠・出産・育児も重なり、幾重もの労働を担わざるを得なかった。こうした経験を経てA氏は、夫の事業が起動に乗り、夫の夢を追う仲間が集まったことを機に、夫の株式会社を退職し、自分自身のやりたい仕事に向き合おうとしているのである。

第五節　彼女たちの余暇はどこへ行ったのか

本章では、観光業に従事する女性たちの生産労働と再生産労働はどのように切り結ばれているのかという問いのもと、小規模経営で職住が不分離という特徴を持つゲストハウスとカフェを営んできた女性の生活と労働の個人史を、地域における関係に着目しながら検討してきた。

　調査から明らかになったのは、A氏が経験してきた労働は、生産労働と再生産労働が切れ目なくつながりながら、積み重ねられたものだったことである。特筆したいのは、こうした労働は地域社会の文脈のなかで営まれてきた点にある。宮下（二〇二二）は、小規模家族経営に従事する女性は自分の休養を削りながら仕事をし、職場と家族領域に明確な区切りはないと指摘し、A氏の労働にも同様の側面がみられた。

　だが、本章の事例は、観光振興、地域づくりを目的としたカフェ・ゲストハウスという業態であるがゆえ、地域活動や商店街の住民との関係構築といった地域社会への参入は、カフェ・ゲストハウスの運営という賃労働にとっても、妊娠・出産・育児期という家族形成にとっても不可欠であり、空間的にも、時間的にも地域社会とのつながりが切り分けられないなかで営まれる労働であることが解明された。

　この地域社会との関係構築という労働には二つの側面がある。一つ目は、A氏が「村」と表現した密な人間関係を維持するための時間的・精神的負担である。二つ目は、商店街の「お母さん」たちやママ友に代表されるように、地域との関わりが資本となって、家族生活と賃労働を両立できた相互扶助の側面である。

　しかしながら、A氏にとっては、地域社会との関係構築という労働への負担が、結果的に、夫の会社を段階的に離れ、自分自身のやりたい仕事に移行する方向に作用した。飲食や宿泊業などの観光業は、移住者の生業に選ばれやすい(7)が、事業に加えて、妊娠・出産などのライフイベントが重なると、いくつもの労働を抱えることとなる。さらに、空間的にも時間的にも労働と生活の時間を切り分けることが困難であり、過重労働が続くことになりかねないことが本章から明らかになった。

一方、本章で対象としたのは、自宅とゲストハウスが空間的に分離されていた事例である。さらには、ゲストハウスを運営する前にカフェを運営していた時点で、空間的にも時間的にも労働と生活の時間を切り分けることが困難な家族経営の実態を経験してきたA氏は、ゲストハウスの運営は従業員に任せるかたちをとってきた。それでも、差し挟まれてくる仕事にA氏は向き合わざるを得なかった。それでは、なおさら労働と生活の切り分けが困難と考えられる自宅でゲストハウスを運営する場合には、どのような労働を抱えることとなるのだろうか。労働と再生産労働の視点を持って、宿泊業を分析する研究の積み重ねが必要である。

次章第六章では、ケア労働に焦点化して、本章で扱かったような世代間の再生産の問題を考えていく。

謝辞　本研究は、日本私立学校振興・共済事業団「二〇二一年度 若手研究者奨励金」を受けたものである。「消費文化と労働研究会」において、複数回、本章の内容を報告し、フィードバックをいただいた。

〈注〉

（1）旅館業法における定義では「宿泊する場所を多数人で共用する構造及び設備を主とする施設を設け、宿泊料を受けて人を宿泊させる営業で、下宿営業以外のもの」とある。

（2）また地域の特徴、経営形態・規模によってその実態は大きく違う。繁忙期もスキーなどのレジャーが楽しめる地域と、海辺のリゾート地域によっても差がでる。

（3）阿部ら（二〇一〇）は自らが主体となって移住した場合を主移動、主移動を行う人に伴う形で移住をした場合を随伴移動と定義している。男性は九割が主移動だが、女性の主移動は六割ほどで、随伴移動が多かった。

（4）A氏が働いてきた都市部の雑貨店には、カフェも併設されていた。

（5）出産手当金とは、産休（産前六週・産後八週）を取得し、給与の支払いがなかった場合に支給される手当金のことである。出産手当金を受け取るためには、役員報酬の支給を停止しなければならない。加えて、産前産後休業保険料免除を申請するためにも、産前産後休業を取得する必要がある。すなわち、A氏が双方の制度を活用するためには、第一に労務に従事しない、第二に役員報酬を支給しないことが必要だった。A氏が役員かどうかは明らかではないが、少なくとも産前に休業していない。あるいは、事業主と同居している親族は原則、雇用保険に加入できないので、雇用保険から支給される「育児休業給付」の制度は適用されない。A氏が「もらえなかった」と認識しているのは、育児・育児休業給付金あるいは育児休業期間中の社会保険料免除だろうか。

（6）ゲストハウスの業務は、カフェ以上に長時間労働になりやすい。鍋倉咲希（二〇二四）によると、宿泊施設の維持、食事の提供、さらには観光客との交流も業務に含まれる。鍋倉の調査対象であるカンボジアの日本人向けゲストハウスの場合、労働時間は一六時から宿泊客が就寝するまで続いた。

（7）石井まこと（二〇二四）による地方圏の若者の労働に関する調査でも、移住先で開始する事業としてゲストハウスや体験型観光事業、カフェの経営など観光産業に関連する事業が選択される事例が複数、紹介されている。

〈文献〉

阿部正太朗・近藤光男・近藤明子（二〇一〇）「地方圏へのＵＩＪターン人口移動の要因分析と促進施策に関する研究」『土木計画学研究・論文集』二七：二一九―二三〇。

石井まこと（二〇二四）「雇用を軸とした働き方から多様な働き方へ」石井まこと・江原慶編『多様化する現代の労働――新しい労働論の構築に向けて』法律文化社、二一六―二三四。

五十嵐元一（二〇一七）「日本のホテル業における女性の活躍推進に関する研究――『ハイ・サービス日本三〇〇選』

企業との比較から」『日本国際観光学会論文集』（二四）：七―一五。

井門隆夫（二〇一九）「地方小規模宿泊業（旅館業）における労働環境」『日本労働研究雑誌』七〇八：七五―八七。

大久保ゆかり（二〇〇三）「旅館と女将」前田勇編『二十一世紀の観光学――展望と課題』学文社。

神田達哉（二〇一九）「観光産業における労使関係・課題」『日本労働研究雑誌』七〇八：八八―九五。

観光庁（二〇二二）「観光を取り巻く現状及び課題等について」https://www.mlit.go.jp/kankocho/iinkai/content/001461732.pdf（二〇二四年二月一日閲覧）。

厚生労働省（二〇二一）「令和三年版　労働経済の分析――新型コロナウイルス感染症が雇用・労働に及ぼした影響――」https://www.mhlw.go.jp/stf/wp/hakusyo/roudou/20/20-1.html（二〇二四年六月一四日閲覧）。

塩路有子（二〇〇三）「英国コッツウォルズ地域の民宿経営における女性の役割」『国立民族学博物館調査報告』（三七）：五五―六九。

鍋倉咲希（二〇二四）『止まり木としてのゲストハウス――モビリティと時限的つながりの社会学』晃洋書房。

宮下さおり（二〇二二a）『家族経営の労働分析――中小企業における家父長制の構造とジェンダー』ミネルヴァ書房。

――（二〇二二b）「小規模家族経営における女性の働き方と家族生活――その構造的特徴の検討」『家族社会学研究』三四（一）：五八―六五。

森越京子（二〇一八）「観光ホスピタリティ学とジェンダー――女性の労働とリーダーシップ教育」『北星学園大学短期大学部北星論集』（一六）：二一七―二三七。

安福恵美子（一九九七）「観光と女性――研究の現状と動向」『東横短大女性文化研究所報』六：七―五三。

Glucksmann, Miriam.（2000）*Cottons and Casuals: The Gendered Organisation of Labour in Time and Space*, London: Routledge（M・グラックスマン『「労働」の社会分析――時間・空間・ジェンダー』木本喜美子監訳、法政大学出版局、二〇一四年）.

（清水友理子・跡部千慧）

第六章

なぜ日本の「ケア労働」は低賃金なのか

——ジェンダー視点からの再生産労働の考察

保育士や介護士などのケア労働がなぜ、日本では軽視されているのかを本章では考えていきます。このときのキーワードとなるのが「ジェンダー」です。ジェンダーの眼鏡をかけて、日本社会を見ていきましょう。

第一節　保育士の一〇倍稼ぐＩＴエンジニア

前章・第五章では、観光業、とりわけ、ゲストハウスにおける労働を考察し、「家」という私空間に観光客を招き入れ、賃労働や家事労働、地域労働を担い、「余暇のない」生活を送る実態を明らかにしてきた。本章においても、賃労働だけに包摂されない多様な労働の実態を考察したい。

保育士の給料と、日本におけるGoogleのエンジニアの給料を比べると、後者が一〇倍にもなる。新型コロナウイルス感染症の世界的流行によって、多くの都市が封鎖されたことによって、私たちは「エッセンシャルワーカー」という存在を否応なしに痛感することになった。こうした「エッセンシャルワーカー」は、低賃金であると言われている（杉浦 二〇二一：田中 二〇二三）。あるいは、無償にもなり得る。

すなわち、社会的価値が高ければ賃金も高くなるわけではなく、賃金は、社会的価値とは異なる論理によって決まっているのである。本章で取り上げる「ケア労働（care-work）」も、生命の維持に欠かせない労働であるが、先述のように、Google のエンジニアの一〇分の一の給与である。本章では、日本社会において、なぜ、「ケア労働」が低賃金なのかを、戦後日本の社会政策を紐解くことによって考えていきたい。

この本を手にとっている方の中にも、将来、保育士や介護士として働きたいと考えている人がいるのではないだろうか。そういう人には、本章を読むことによって、自分たちの生活に直接関わる賃金が、社会政策によってどのように決まるのか考えるきっかけになればうれしい。

保育士や介護士になる予定がない方も、人生のどこかで、保育士や介護士に世話をされる機会が一度はある。さらには、公務員として働き、保育士や介護士のための制度をつくったり、運用したりする立場の方には、いかにこれまでの日本の社会政策が、生命の維持に欠かせない労働に対峙してこなかったのかを知った上で、今後、社会政策とどのように向き合っていきたいのかを考えるきっかけにしてもらいたい。

本章では、日本の社会政策の中でケア労働はなぜメインストリームにならないのかを、日本において出産後も継続的に働き続ける慣行を築いてきた女性教員を対象に置き、女性教員の出産後の育児と仕事の両立過程に着目して考察していく。第二節では、保育士・介護士といったひとの世話をする仕事は、なぜ、低賃金なのかを考え続けてきた女性学・ジェンダー研究の研究成果を検討する。第三節では、「男性は外で働き、女性は家庭を守る」という性別分業体制が強固な社会において、既婚女性が出産後もキャリアを継続しようとすると、どのような問題が生じるのかを、小学校女性教員を事例に分析する。第四節ではこれまでの社会政策論において、「ケア労働」がいかに議論されてきたのかを確認する。最後に、第四節までの議論を踏まえて、新型コロナウイルス感染症の世界的流行を経験したこれからの社会において、どのような社会政策が必要なのかを論じる。

第二節　ジェンダーの視点でみる「ケア」と現代社会

保育士・介護士といったひとの世話をする仕事は、なぜ、低賃金なのか。この問いを考え続けてきた学問領域の一つに、女性学・ジェンダー研究がある。女性学は、一九七〇年代に起きたウーマン・リブ運動から生まれた学問である（井上 一九八〇：i）。それまでの学問が男性中心的に理論化されてきたことに、疑問を呈し、女性の経験を織り込んだ学問を提起した。さらには、「ジェンダー」という概念を用いて、男女の権力関係がいかにはたらいているのか、男性間・女性間で生まれる階層構造はいかなる力学が働いた結果なのかを解き明かしてきた（Connell 2002=2008：2）。

この女性学・ジェンダー研究の大きな発見の一つが、専業主婦も「労働」を担っていることである（竹中 二〇一一ほか）。それまで、専業主婦は、賃金をもらっていないがゆえに、働いていないとみなされていた。けれども、ジェンダー研究において、労働には、賃金をもらう有償労働だけではなく、無償労働も存在し、家事・育児・介護や、ボランティア活動、農家や家業を無償で手伝うことが無償労働に含まれると提起され、政策にも反映されてきた（内閣府 二〇一三ほか）。

本章では、無償労働のなかでも、育児や介護といった「ケア労働」（山根 二〇一〇）を焦点化していく。ケア労働は、子ども、高齢者、障がい者など自分で自分のニーズを満たすことができない依存的存在に対して行われる「世話する労働」であり、無償労働だけでなく、冒頭で紹介した保育士・介護士のような有償労働も存在する（山根 二〇一〇：三五）。冒頭では、ケア労働のわかりやすい例として、保育士・介護士の話を取り上げたが、本章で取り上げるのは、保育士・介護士の裏に隠れるもっと深刻なケア労働者である。ケア労働者は、保育士・介護士のように、職業として体系化され、賃金が支払われる労働であっても、安価な賃金しか支払われていない。

こうしたケア労働に加えて、ボランティアとして、もしくは、最低賃金に満たない謝礼金をもらいながらボランティア的に担われてきたケア労働がたくさんある。こうした保育士・介護士の裏に隠れるもっと深刻なケア労働者が担うケア労働を本章では、「制度化されていないケア労働」と呼びたい。

ここでは、ジェンダーの視点から「ケア労働」の議論を概観し、生命の維持・次世代の再生産を担う労働がなぜ、日本社会において軽視されているのかを考えていきたい。その際、鍵となるのが、「家族賃金（family wage）」という概念である。

一　近代社会の成立と「家族賃金」

「家族賃金」がいかなるものかを考える前に、先行研究が論じてきた近代社会の特徴をジェンダーの視点から確認したい。現代の「男らしさ」「女らしさ」の原型は、近代社会の成立によって生まれたといわれている。近代社会は、公私の二分を成立させ、公的領域に男性、私的領域に女性を、公的領域に有償労働、私的領域に無償労働（含「ケア労働」）を配置した（岡野 二〇一二）。

そして、近代に成立したサラリーマンと専業主婦を基本とした家族が「近代家族」である。こうした家族形態は、普遍的なものと捉えられてきたが、落合は、近代に特有の家族形態であることを論証した。落合によると、日本において「主婦化」が進行し、近代家族が大衆的になったのが、一九五五年から一九七五年と言われている。落合恵美子は、この現象を「家族の戦後体制」と呼ぶ（落合 二〇〇五）。一九二〇年代に都市の一部の高所得者層において萌芽がみえたサラリーマン―専業主婦と子どものかたちをとる近代家族が、一九五五年から一九七五年に広がりをみせた（落合は「大衆的近代家族」の成立期と呼ぶ）。

一方、木本喜美子（二〇〇四）は、落合の「近代家族」論をさらに深化させ、一九五五年から一九七五年を「大衆近代家族」の成立期（落合 二〇〇五）として捉える際には、「主婦化」という視点とともに女性労働の展開という側面をも見据えつつ、社会階層差および地域差を視野に取りこんだ実態分析が必要であると主張する。言い換えれば、近代家族規範と女性労働のあり方とがいかに関わっていたのかを実態に即して解きほぐすことを、この時代を掘りさげる上での重要な課題と位置付ける（木本 二〇〇〇：三四）。こうした点を視野に収めると、時代の捉え方が変わってくる。木本は、高度成長期である一九六〇年代を「主婦化と女性の雇用労働化のせめぎあい」（木本 二〇〇四：一七八）と表現し、やがて一九七〇年代に「主婦化」規範が勝利を収めることになったと整理すべきだと主張する（木本 二〇〇四：一七八）。そして、一九八〇年代には、国民年金第三号被保険者[1]や配偶者控除という一連の「専業主婦優遇策」が制度化されていく（木本 二〇〇四：一八三）。

こうした時代の流れを、男性を焦点化して捉えると、男性を家族の扶養者、女性と子どもを被扶養者と想定する「男性稼ぎ主」イデオロギーが日本に浸透していく過程と捉えられる（木本 一九九五）。この時期は、日本的雇用慣行と呼ばれる日本独特の働き方が定着する時期とも重なっている。日本は、新卒者を年長者に比べて低賃金で雇用し、社内で教育をほどこしていく。一方、年功序列で将来的な賃金上昇と定年までの継続雇用、定年時の退職金が保障され、社員は企業への忠誠心が芽生えていく。こうした雇用慣行とともに、「家族賃金」が制度化されたことによって、物質的基盤を伴って「男性は外で働き、女性は家庭を守る」という近代的性別分業を前提とした社会が形成されてきたのである（木本 一九九五）。

木本（一九九五：二〇〇〇）は、「家族賃金」とは何かを明確に定義していない。そのため、本章では、木本（二〇〇〇）に基づきながら、「家族賃金」とは、「生活給」賃金、および、福利厚生を含む、労働者家族のライフサイクルの展開に応じて、労働者の生活を支えていく大企業や公的機関における施策と定義する。「生活給」賃金とは、家族の規模、そして家族のライフサイクルの展開にそってカーヴを描く年功賃金のことである（木本 二〇〇〇）。福利厚生は、給食、寮、社宅、医療、生活必需品の廉価販売などの「生活補助的機能」を指す（木本 二〇〇〇）。

以上のように、「男性は外で働き、女性は家庭を守る」という規範は近代に誕生したものであり、日本では一九五〇年代以降に大衆に広がりを見せていった。こうした規範によって、家族領域の家事労働・ケア労働を女性が無償で担うことが慣習としても定着していった。さらに、木本は、日本の「主婦化」の特徴として、「家族賃金」をあげる。「家族賃金」の概念は、西洋で生まれたものであるが、欧州においては労働運動の賃上げ交渉のスローガンとしては用いられてきたものの、その概念が実現したのは、日本的雇用慣行においてであった（木本 二〇〇〇：二〇一六）。加えて、一九八〇年代には、国民年金第三号被保険者や配偶者控除という社会保障制度の中に、「主婦化」が物質的基盤を伴って組み込まれていった。

すなわち、日本の社会体制の中では、ケア労働の対価として賃金が支払われるのではなく、「家族賃金」を媒介に、「男性稼ぎ主」からケア労働の賃金が支払われたり、国民年金第三号被保険者というかたちで年金が支給されたり、社会保障の負担がないまま社会保障の恩恵にあずかれるようなかたちが取られてきたのである。

二　なぜ、女性はケア労働を担うのか

そもそも、なぜ、女性はケア労働を担うのだろうか。この問いに、正面から向き合ったのが山根純佳（二〇一〇）である。山根は、「男性稼ぎ主」構造のもとにおいては、女性が家計補助的に働くために、女性はケア労働を担うと説明する。この現象を専門的な用語で表現すると、資源配分構造の変動を制約する「性別分業」の「性支配性」[2]がはたらいているという（山根 二〇一〇：二八六）。

そして、第一に家族領域における無償のケア労働と、第二に労働市場における有償のケア労働の両方が女性に配分される力学を次のように論じる。第一に、家族領域における性別分業の性支配性とは、女性の「選択の結果の不利益」と男女の「交渉力の格差」として現出している（山根 二〇一〇：二八六）。すなわち、育児によってどちらかが保育所の開所時間に合わせて労働時間を短縮したり、子の看病のために仕事を休む（＝病児休暇を取得する）際に、相対的に男性の賃金の方が高いために、女性が労働時間の短縮や病児休暇を「選択」するといったかたちで表出しているというのである。

第二に、労働市場のジェンダー構造については、家族領域の性別分業構造を介して「低賃金＝非正規労働＝女性労働」というジェンダー構造が再生産されており、他方では「ケア労働市場のジェンダー構造が、家庭における性別分業を再生産している」ことを指摘する（山根 二〇〇九：二八六）。

木本（二〇一六）は、男女で役割を峻別する性別分業体制が高度成長期にその基本骨格が作り出され、オイルショックを経た低成長期に揺るぎないかたちで定着したと指摘する（木本 二〇一六：三六）。日本的雇用慣行が作り出した企業社会体制のもとで働くということは、「ケア労働」を最小化して成り立つものである。日本は「ケア労働」を企業労働とは異なる格別な意味づけをしているどころか、低い評価しか与えていない。このことが介護労働や家事代行労働の低賃金水準を根底で規定しているという（木本 二〇一六：三八）。

以上のように、先行研究では、近代社会において、「男性は外で働き、女性は家庭を守る」という規範が形成されてきたことや、特に、戦後日本においては、日本的雇用慣行や、それに対応する家族形成、社会政策によって、「家族賃金」という物質的基盤を伴って性別分業が、強固に水路づけられてきたことを明らかにしてきた。それでは、こうした男女で役割を峻別する性別分業体制が強固な社会において、既婚女性が出産後も、キャリアを継続しようとすると、どのような不協和音が生じるのだろうか。

次節では、筆者の過去の調査・既出論文 Atobe（2023）をもとに、ジェンダー間格差が大きく、男性が稼ぎ、女性が「ケア労働」を担うという規範の強い社会において、既婚女性が出産後も継続的に就労する際に生じる問題を考えたい。

第三節　日本社会で既婚女性が働くと生じる「ケア」の問題

ここでは、「男性は外で働き、女性は家庭を守る」という性別分業体制が強固な社会において、既婚女性が出産後もキャリアを継続しようとすると、どのような問題が生じるのかを分析していく。この問題を掘り下げていくと、「制度化されていないケア労働」に目を向ける必要が出てくる。さらには、「家族賃金」が「ケア労働」の対価を支払うために機能する局面と、機能しない局面が露呈することとなる。

一　日本の女性教員に着目する理由

「男性は外で働き、女性は家庭を守る」という性別分業体制が強固な社会において、既婚女性が出産後もキャリアを継続しようとすると、どのような問題が生じるのかを考える上で着目したいのが、小中学校の女性教員である。日本の女性教員は、日本社会において女性が結婚後「主婦」になることが期待された時代の渦中において、出産後も継続的に就労してきた歴史がある。性別分業の解体がはかられないまま、既婚女性が働くと、子どもを育てながら男性と対等に自らのキャリアを形成していく女性と、低賃金でキャリア女性の家事・育児を代替する女性という二極化が起こることを先鋭的に経験してきた労働者群でもある。

先述の通り、日本において「主婦化」が進行したのは、一九五五年から一九七五年と言われている（落合 二〇〇五）。この時代をさらに、社会階層差および地域差を視野に収めると、高度成長期である一九六〇年代を「主婦化と女性の雇用労働化のせめぎあい」（木本 二〇〇四：一七八）とおさえ、やがて一九七〇年代に「主婦化」規範が勝利を収めることになったと整理できる（木本 二〇〇四：一七八）。けれども、小学校女性教員に目を向けると、逆の現象が起きる。すなわち、高度経済成長によって、男性労働力が民間企業に流入していき、その結果、大都市圏において女性教員が参入していったからである（一番ヶ瀬ほか 一九七四）。文部省「学校基本調査」によると、一九六三年から女性教員数が増

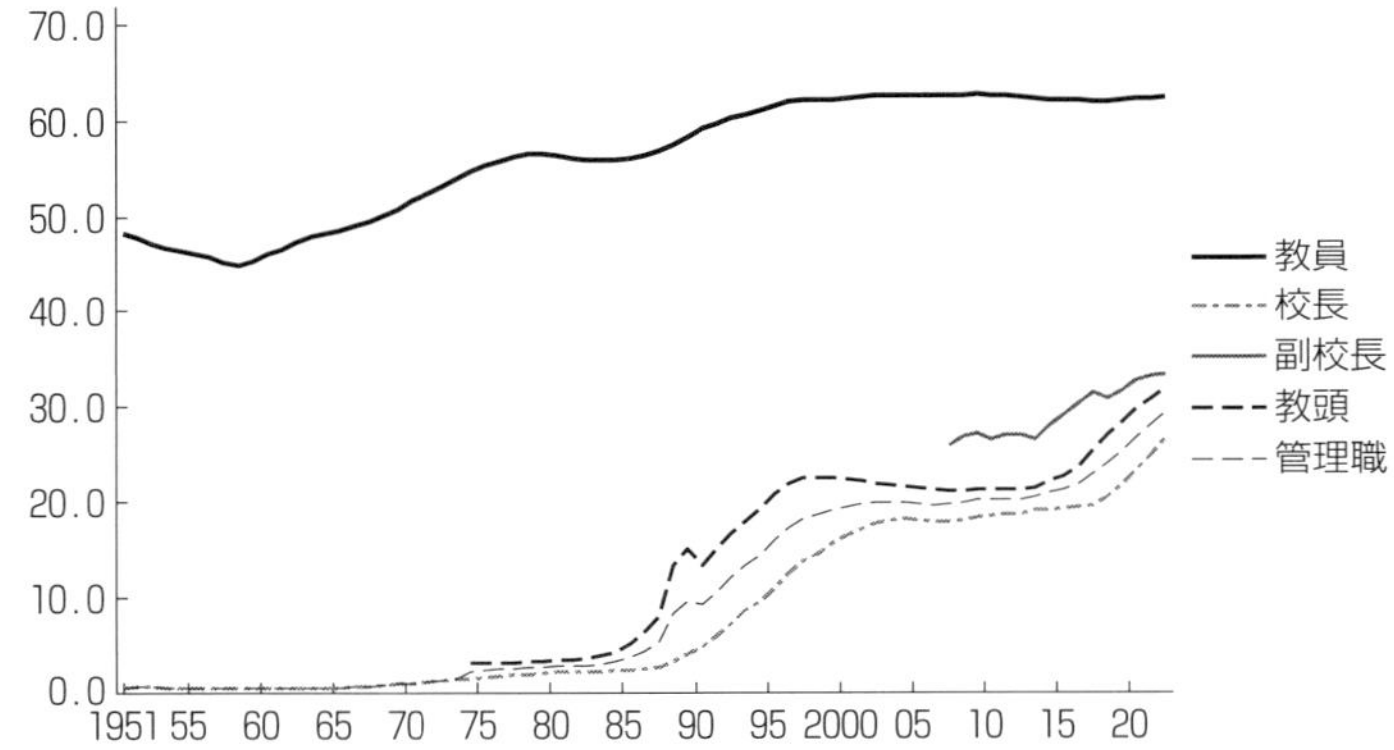

図6－1　小学校における職名別女性比率

出所：文部省／文部科学省「学校基本調査」（1948～2023年）を参考に筆者作成。

加を続け、一九六九年に女性教員比率が五割を上回り、一九八〇年まで急速に増加している（図6－1）。まさに、教員職においても「女性の雇用労働化」が起きており、筆者は一九六〇年代を「教職の女性化」と位置づけている。一九六九年の日本教職員組合（以下日教組）の調査によると、女性教員の三分の二は既婚女性であり、一万二〇〇〇人の女性教員が出産しているという（小笠原政子ほか 一九六九：二〇）。

このように、小学校教員は、日本において「主婦化」が進行する同時期に、女性教員数が増加し、「主婦化」とは対極的な出産後も継続的に就労する雇用慣行を形成してきた。ただし、これを「ジェンダー平等の達成」と捉えるには留保が必要である。一九六八年の深谷昌志・深谷和子の調査によると、調査対象の二〇%が結婚・出産・育児を理由に退職していた（深谷・深谷 一九七二）。日教組婦人部は、定年制が導入される一九八五年まで、女性教員の男性より早い年齢での退職勧奨の問題を運動の柱に据えてきた。具体的には、男性教員が平均五五歳で退職勧奨を受けるのに対し、女性教員は平均四五歳と、男女の間で一〇歳もの差が開いていた（日教組女性部 二〇〇二）。さらに、女性教員比率が五割以上なのに対し、管理職の女性比率は、一九六九年度において一割未満であり、垂直的なジェンダー間職務分離も形成されていた。一番ヶ瀬ら（一九七四）によると、一九六〇年代の小学校における女性教員比率の向上は、都市部において女性比率が向上したことが主要因である。都市部を除いては、女性教員比率が五割を下回る地域もあった（一番ヶ瀬ほか 一九七四）。

すなわち、「教職の女性化」は、主に都市部の女性教員の動態を反映して生じたことといえる。こうした実態を踏まえ、Atobe（2023）は、都市部での人口増加に伴う小学校の増設に伴い、地方都市から教員として流入してきた女性教員の軌跡を捉えることを試みた。

このAtobe（2023）の調査結果は、ジェンダー間格差の大きい社会において、既婚女性が働くと生じる「ケア」の問題を如実に表している。Atobe（2023）は、二〇一六年からX県出身であり、東京都で就職した女性教員のライフヒストリーを聞き取るインタビュー調査を重ねてきた。そして、第一に、出産後、キャリア継続したとしても、強固な垂直的なジェンダー間職務分離が形成された中で、同じ年に卒業し教職を得た男子学生五名、女子学生六〇名のうち、五名の男性学生は、定年退職までに全員、校長になったのに対し、管理職まで到達した女性は、六〇名中三名だったこと、第二に、女性教員の出産後のキャリア継続には、自らの姉妹や、従姉妹を頼っており、家事・育児を支える女性たちの存在があったことを明らかにしている（Atobe 2023）。

換言すると、女性教員の出産後のキャリア形成において、重要なのは、教職を続ける上で自宅にいることができない時間帯の家事・育児を誰が担ったかである。「主婦化」が進行し、専業主婦数が相対的に多い一九七〇年代から一九八〇年代の都市部の女性教員は、多くの場合、専業主婦である姉妹や従姉妹にケアの代替を頼りながら、出産後のキャリアを継続していた。それでは、近隣に親族のいない教員はどのように出産後も教職を継続してきたのだろうか。

次項では、姉妹や従姉妹に頼らない女性教員の事例をみていく。具体的には、Atobe（2023）で描かれる女性教員の家事・育児を担ってきた女性（A氏）とA氏の母親（B氏）に着目して、一九七〇年代から一九八〇年代に先鋭的に表れた「制度化されていないケア労働」の事例をもとに、高学歴女性のキャリア継続において生じる「ケア労働」の問題を論じていきたい。

二　高学歴キャリア女性の家事・育児を代替した女性たち

Atobe（2023）は、女性教員がキャリアを継続する際に、誰がどのように家事・育児を担ってきたのかに着目し、出身地の両親にも、義理の親にも頼らずに、出産後のキャリアを継続してきた教員を焦点化して分析を進めている。

この教員は、自宅の近所に住む元教え子の保護者（B氏）に育児を頼んできた。さらに、元教え子の姉（A氏）が高校を卒業してからは、A氏とB氏とでその教員の子どもを預かったという（図6－2）。

女性教員と、A氏とB氏の自宅は、二十メートルほどの距離の近隣にあり、女性教員は、A氏の妹（B氏の第二子）が小学校四年生から六年生だったときに、担任をしていた。女性教員が第一子を妊娠していたときには、すでにA氏の妹は小学校を卒業し、中学生になっていたが、B氏（A氏の母親）が、妊娠中に道端で会った際、「預け先が決まってなくて、困ってる」と話した際に、「私が見ます」と言ったのがきっかけである。B氏（A氏の母親）は、A氏の体が弱いために外に働きに出ることができないため、自宅で預かるといったという（Atobe 2023）。

A氏・B氏に子どもを預けていた教員は、安心して預けられる預け先があったために、自分自身にあった働き方を選択できたという[3]。また、この教員は、教員仲間や公務員で産休後の預け先に困っている知人に、A氏・B氏を紹介し始めた。さらに、紹介が紹介を呼び、常時三人の子どもを預かる状態が四十年以上続いた。最初は、公務員等、定時で終わる仕事に就く人の子どもを預かっていた。だが、一九九〇年代に少子化対策による子育て支援が制度化してくると、A氏やB氏がこれまで行なってきたことが、行政によって子育て支援策として制度化され、預かる子どもの親の職業も変わっていった。教師や公務員から、夜勤がある等、公的な子育て支援制度では預かれない時間帯の子どもを預かる頻度が増えた。保育所からの紹介で仕事を得ることも増えてきたとA氏は語る。最後は、シングルペアレント等の低賃金労働者の子どもを預かることも多く、子どもを預かってもお金がもらえないこともあったという。

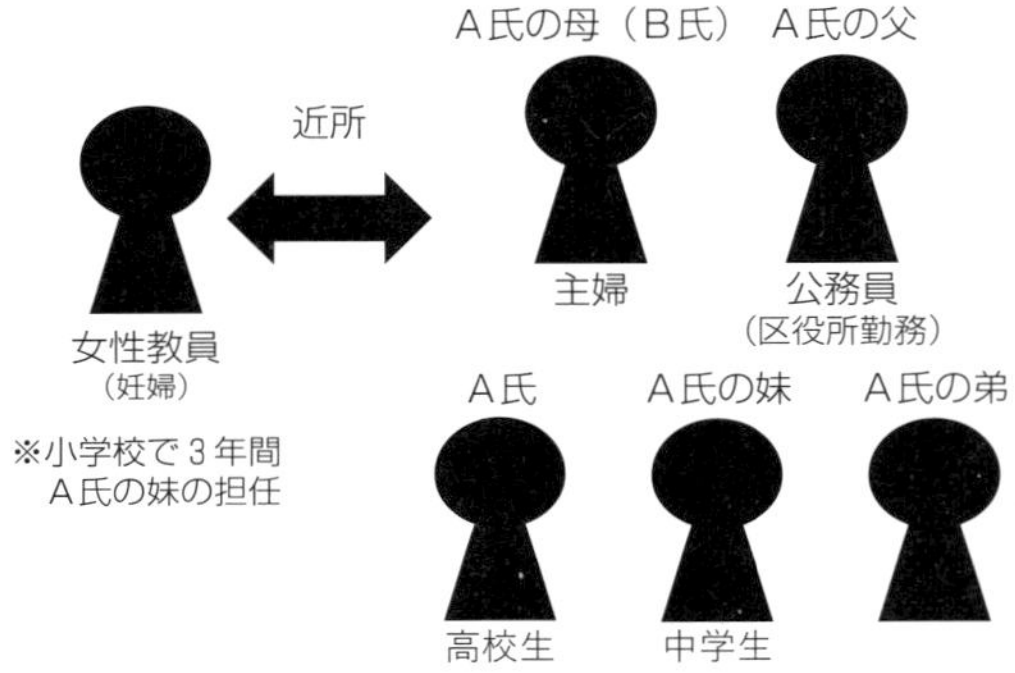

図6－2　女性教員とA氏・B氏家族との関係
（1974年時点）

出所：Atobe（2023）をもとに筆者作成。

A氏の両親が生きていた頃は、親の年金によって生活費を賄うことができていたが、両親が亡くなった後、子どもの預かりだけでは生活が成り立たなくなったA氏は、現在、預かりを止め、別の仕事をしている。A氏は、年金がでるようになったら子どもの預かりを再開したいと述べた（Atobe 2023）。

三　「主婦化」によって不可視化される労働

ここでは、Atobe（2023）の女性教員の事例を「ケア労働」の観点から改めて考えていきたい。地方都市出身でありながらも、自らの親・兄弟姉妹にも、義理の親族にも頼らずに、出産後のキャリアを継続してきた教員たちは、教え子の保護者を家事・育児の代替先として頼っていた。一九七〇年代は、現在よりも保育所の数が少なく、教員は、女性労働者の中で相対的に高収入であるため、高所得を理由に保育所に入所できないこともあった（奥山 一九七一）。そのため、「制度化されていないケア労働」に頼らざるを得なかったのである。

一九九〇年代以降の少子化対策に派生する日本の子育て支援策もB氏のような主婦が支援の担い手となってきたことが明らかである（相馬・松木 二〇二〇）。本章で指摘した教員の家事・育児を代替してきた労働者と同様に、一時保育、つどいの広場（ひろば事業）、子育て支援センター、産前産後サポートといった「地域子育て支援」の担い手については、そもそもケア労働者として社会的に認識されておらず、働き方や処遇を改善する必要性は、管見の限り、相馬・松木（二〇二〇）まで指摘されてこなかった。

一九七〇年代・一九八〇年代の東京のように、兄弟が多い環境の中で育った主婦が一定数いる環境であれば、出産後も働く女性たちは、家事・育児の頼り先を得やすかったが、今後、少子化・未婚化や有配偶女性の労働力率の上昇がさらに続けば、女性のキャリア継続の際に、家事・育児を代替する担い手を確保することは難しくなると考えられる。

その上で検討する必要があるのが、子どもの預かりを担う女性の処遇についてである。A氏は、公務員の父親の給与や年金という生活基盤があってこそ、子どもを預かることができてきた。すなわち、

A氏も、また、日本の「主婦化」の物質的基盤となった「家族賃金」や国民年金第三号被保険者により、生活を成り立たせてきたのである。

けれども、A氏は両親が亡くなった後、「家族賃金」や国民年金第三号被保険者の恩恵を受けることができなくなり、子どもの預かりだけでは生活が成り立たなくなった。日本では、ケア労働に対しては、直接、対価を払うのでなく、「家族賃金」や国民年金第三号被保険者を介して対価を払う仕組みが構築されてきたからである。A氏は、現在、生計を立てるために、別の仕事に従事している。

もちろん、A氏やB氏が担ってきた家事・育児の代替に対する労働対価は、貨幣的価値だけに回収することができないし、A氏自身もそう語っている（Atobe 2023）。けれども、日本においては、二〇〇〇年代以降の非正規雇用の拡大や、一九七〇年代からの未婚化に伴い、A氏やB氏のように、「男性稼ぎ主」の経済的基盤に支えられて生活を営むことは困難になっている。

これまでの議論をまとめると、結局、女性の労働力化によって、それを支える新たなケア労働者が出現しても、そのケア労働者は「生活できる賃金」（藤原 二〇一七）を得るに至っていない。すなわち、日本社会においては、いまだに、「家族賃金」や国民年金第三号被保険者を媒介にケア労働に対価を払う体制から抜け出せていないのである。

このように、ケア労働に対して、直接、金銭的対価を払うという価値規範への転換がはかられないまま、既婚女性が働き続けることによって、子を育てながら男性と対等にキャリアを形成していく女性と、低賃金でキャリア女性の家事・育児を代替する女性という二極化が起こる。別の言い方をすると、「ケア労働者」の処遇が見直されないまま、既婚女性が出産後も継続的にキャリアを形成する環境だけを整えても、却って同一ジェンダー内の新たな格差を生じさせる危険性を孕むのである。

今後の日本社会で女性のキャリア形成を後押ししていくには、A氏のように、家事・育児を代替する者が、その稼ぎだけで生活していける制度的保障が必要となってくる。そこで、次に、これまでの社会政策論において、「ケア労働」がいかに議論されてきたのかを確認していく。

第四節　「ケア労働」を重視する社会政策

これまで、日本社会においては、「家族賃金」や国民年金第三号被保険者などの社会保障制度を媒介に「ケア労働」への対価が支払われてきたことを明らかにしてきた。一九九〇年代以降は既婚女性の労働力化が進行し、「制度化されていないケア労働」の需要は一層高まってきた。けれども、二〇〇〇年代以降の非正規雇用労働者の増加によって、「家族賃金」や社会保障制度を媒介にケア労働に対価を支払うことは、徐々に機能しなくなってきている。その結果、日本社会において「ケア労働」は、劣位に置かれ、低賃金化が進んできた。しかしながら、この位置づけは、社会政策のあり方によって、異なってくる。

一　福祉国家体制

ここで言及したいのが、スウェーデン、ノルウェー、デンマーク、フィンランドといった北欧諸国の事例である。これからの国では、様々な福祉サービスの提供がすべての人に向けて、普遍主義的に行われ、市民権に基づいている（Esping-Andersen 1990=2001）。また、国家が福祉サービスを提供する重要な主体とされている。こうした国では、「ケア労働」が社会政策の中で保障されており、公務労働として担われているという特徴もある。また、〇歳児を育てていると、本業を休業していても、給付金がもらえる育児休業制度もある。

このように、国の社会政策のありかたによって、「ケア労働」の位置づけは変わってくるのである。前節で検討したような事例は、社会政策によって変わりうる可能性がある。

さらに、落合恵美子（二〇一三）は、社会におけるケアの在り方を考えるには、社会政策以外に、家族・親族、市場、コミュニティという領域にも目を向ける必要があると提起する。落合は、社会政策、および、家族・親族、市場、コミュニティという四つの領域の国際比較を通じて、日本の特徴を次のように述べる。国家の役割は、中国やシンガポールの高齢者ケアに比べると明らかに大きい。しかしながら、専業主婦世帯用の低年齢児の施設保育はなく、高齢者向けの社会サービスは北欧諸国に比べると少なく、ベビーシッターや家事労働者といったケアサービスの市場も、他のアジア諸国と比べると小さく限られている（落合 二〇一三：一九三）。

二　時間政治

それでは、こうした特徴をもつ日本社会において、育児・介護といった「ケア労働」が重視されていくには何が必要だろうか。これまでに、多くの論者によって、「ケア労働」を重視する政策の必要性が主張されてきた。その中でも、竹中恵美子（二〇二〇）の主張をとりあげたい。

竹中は、ポスト産業社会に伴う高齢化・少子化・労働力の女性化といった現象が、ケア・サービスとその重要性をますます増大させることになった（竹中 二〇二〇：八一）という実態認識をもつ。こうした状況のなかで多くのフェミニストたちは、ケア・サービスに対する市民権（ケアを受ける権利とケアを行う権利を同時に保証する）を提起することになったと竹中は述べる。

そして、竹中は、「時間のフェミニスト政治からのアプローチ」に注目する。N・フォルブレ（Nancy Folbre）とS・ヒメルワイト（Suan Himmelweit）、久場嬉子、原伸子の議論を参照し、伝統的経済学に見られるような「有償労働」と「レジャー」という「時間の二分法」を超えて、「有償労働」「ケア」「レジャー」という「時間の三分法」が求められていることを主張し、時間政策は「社会的生産と（人間の）再生産を視野に入れる」（原 二〇一二：八一）必要があると提起する（Folbre and Himmelweit 2000：久場 二〇〇一：原 二〇一二：竹中 二〇二〇）。

すなわち、すべての人に「ケアする権利」が保障される「時間確保型社会化」こそ、日本の性別分業を解体するための差し迫った課題であると主張する（竹中 二〇二〇：九一）。こうした「ケアする権利」が保障される政策の具体例として、竹中が挙げたのは、一人当たりの労働時間が少ないが労働者数が多いオランダの労働政策や、ドイツの「パパ・クオーター制」[4]である。

家事労働やケア労働の外部化は、女性の労働力化にとって、必要な一方、家事労働もケア労働も創造的な時間である側面もある。必要なのは、ケアを自身で担うことと、ケアを外部化することを選択できることである。

第二章で堀川が述べたように、日本は男女雇用機会均等法によって、女子保護規定が撤廃され、深夜業と時間外労働を性別にかかわらずに担える、そして、働く限りは、長時間労働を担うことが前提とされる社会へと転換していった。「主婦化」以降、女性が過剰に担ってきたケアを外部化する方向性に加え、長時間労働を是正し、ケアを担う時間を保障する視点も欠かせないのである。

第五節　「いのちの尊厳」が保たれる社会に向けて

本章では、「日本の社会政策の中でケア労働はなぜメインストリームにならないのか」を考えてきた。高度経済成長期に成立した日本的雇用慣行という働き方をベースにした日本の社会政策は、異性愛を前提に男女で役割を峻別し、「家族賃金」や国民年金第三号被保険者を媒介に「ケア労働」に対価を払う社会体制を構築してきた。けれども、「家族賃金」を媒介に「ケア労働」に対価を払う体制は、一九九〇年代以降の女性の労働力化や二〇〇〇年代以降の非正規雇用労働者の拡大、および、一九七〇年代からの未婚化によって、徐々に機能しなくなってきている。

その結果、「ケア労働」は賃労働から排除され、「ケア労働」の低評価を招いている。今、必要なのは、社会政策の転換によって、「ケア労働」に直接、対価を払う規範を構築し、「ケア労働」市場を活性化していくことである。これによって、ケア労働を家族領域から外部化した際に、ケア労働を担う労働者が「生活できる賃金」を保障し、ケア労働者が尊厳を持ちながら働ける社会に転換していくことが求められる。

同時に、男女雇用機会均等法以降、性別にかかわらず、深夜業と時間外労働を担うことが前提とされてきた長時間労働慣行を是正し、ケア労働者ではない個々人が、ケアを担う時間を保障することも必要である。

本章で取り上げてきた女性教員は、「主婦化」が進行する日本社会において、先駆的に、高学歴層の出産後もキャリアを継続する雇用慣行を築いてきた女性労働者である。しかしながら、職場においては、管理職への昇進の道が閉ざされており、低学年に配置され、さらに、その低学年を担うことはケア的要素を含むがゆえに、「専門性に欠ける」と眼差されてきた存在である（浅井ほか 二〇一六）。一方、こうした女性教員の家族領域の家事・育児は、主婦によって低処遇で代替されてきた。

このように、日本社会においては、幾重にも、ケアを劣位に置き、ケアに女性を配置する力学がはたらいている。けれども、新型コロナウイルス感染症の感染拡大は、改めて、〝いのちの尊厳〟を問う機会をもたらしている。すなわち、新型コロナウイルス感染症の感染拡大は、行き過ぎた経済的な利益の追求、すなわち、労働力の再生産も不可能にするような低賃金と長時間労働によって、労働力を搾取する体制がもたらしていると考えられ、我々のいのちを永らえさせるために、「いのちの尊厳」を基点に、社会の在り方を構想する必要性を、私たちに問うてきている。

「ケア労働」こそ、生命の維持・再生産に不可欠な労働である。ジェンダー視点で有償労働に限らない「労働」を捉えていくことは、経済的な利益を生み出す労働と「いのちの尊厳」に向き合うケア労働の序列化のメカニズムを読み解き、新型コロナウイルス感染症の感染拡大を経て、私たちが生きていく社会を構想する上で不可欠であるといえる。

次章・第七章では、こうした「ケア労働」の問題を、社会的養護を担う福祉職に焦点化して、さらに考察したい。本章では、ケア労働者が低賃金にならざるを得ない社会政策の不備を指摘してきた。次章では、こうした社会政策の不備の中で、職員の持続可能な働き方を実現してきた乳児院および児童養護施設の施設長の実践を考察する。現場の視点から、ケア労働者が「いのちの尊厳」を持ちながら働くことができる社会政策の方向性を考えたい。

付記　本章は科学研究費JSPS二〇K一三六六九による研究成果の一部をまとめたものである。

〈注〉

（1）国民年金の加入者のうち、厚生年金に加入している第二号被保険者に扶養されている二〇歳以上六〇歳未満の配偶者（年収が一三〇万円未満であり、かつ配偶者の年収の二分の一未満の方）を第三号被保険者という。

（2）「性支配」とは、私的領域も含めて、女性が「全体的抑圧状況」（江原　一九九五：七七）にあることを示す言葉である。江原由美子（二〇〇一）は女性と男性の権力の非対称的な配分状態と定義する。山根（二〇一〇）は、江原（二〇〇一）に依拠し、「性支配性」という用語によって、なぜ女性がケア労働を担うのかを整理した。詳細は、山根（二〇一〇）や、江原（一九九五：二〇〇一）を参照されたい。

（3）女性教員は、A氏・B氏世帯に、毎月当時の金額で三万円を渡したという。

（4）「パパ・クオータ制」は、父親に一定の育児休暇を取得するよう割り当てる制度である。

〈文献〉


浅井幸子・黒田友紀・杉山二季・玉城久美子・柴田万里子・望月一枝（二〇一六）『教師の声を聴く――教職のジェンダー研究からフェミニズム教育学へ』学文社。

一番ヶ瀬康子・木川達爾・宮田丈夫編（一九七四）『女教師のための講座　女教師の婦人問題』第一法規。

井上輝子（一九八〇）『女性学とその周辺』勁草書房。

江原由美子（一九九五）『装置としての性支配』勁草書房。

――（二〇〇一）『ジェンダー秩序』勁草書房。

小笠原政子ほか（一九六九）「座談会　婦人教師の育児――家庭責任と学校責任の両立のために」『教育評論』（二二三二）：二〇―二九。

岡野八代（二〇一二）『フェミニズムの政治学――ケアの倫理をグローバル社会へ』みすず書房。

奥山えみ子編（一九七二）『共働きのもんだい』明治図書。

落合恵美子（二〇〇五）「世界のなかの戦後日本家族」歴史学研究会・日本史研究会編『日本史講座　十　戦後日本論』東京大学出版会、一五九―一九六。

――（二〇一三）「ケアダイアモンドと福祉レジーム――東アジア、東南アジア　六　社会の比較研究」『親密圏と公共圏の再編成』京都大学学術出版会、一七七―二〇〇。

木本喜美子（一九九五）『家族・ジェンダー・企業社会――ジェンダー・アプローチの模索』ミネルヴァ書房。

――（二〇〇〇）「企業社会の変化と家族」『家族社会学研究』一二（一）：二七―四〇。

――（二〇〇四）「現代日本の女性」後藤道夫編『日本の時代史　二八　岐路に立つ日本』吉川弘文館、一六二―一九四。

――（二〇一六）「戦後日本における家事労働の位置を探る――企業社会・雇用労働との関連で」『経済社会とジェンダー――日本フェミニスト経済学会誌』一（一）：三一―四五。

久場嬉子（二〇〇一）「『経済のグローバル化』における労働力の女性化と福祉国家の『危機』」伊予谷登士翁編『現代の経済・社会とジェンダー〈第5巻〉経済のグローバリゼーションとジェンダー』明石書店。

杉浦浩美（二〇二一）「はじめに（特集　労働の社会的価値と対価の乖離――なぜエッセンシャル・ワークは賃金が低いのか？）」『生活経済政策』（二九六）：三―七。

相馬直子・松木洋人（二〇二〇）『子育て支援を労働として考える』勁草書房。

竹中恵美子（二〇一一）『家事労働（アンペイド・ワーク）論』明石書店。

――（二〇二〇）「第二波フェミニズムと女性労働の到達点」フォーラム　労働・社会政策・ジェンダー編『働くこととフェミニズム――竹中恵美子に学ぶ』ドメス出版、四八―六二。

田中洋子編（二〇二三）『エッセンシャルワーカー――社会に不可欠な仕事なのに、なぜ安く使われるのか』旬報社。

内閣府（二〇一三）『家事活動等の評価について――二〇一一年データによる再推計』http://www.esri.cao.go.jp/

jp/sna/sonota/satellite/roudou/contents/pdf/kajikatsudoutou1.pdf（二〇二三年一二月七日閲覧）。
日教組女性部編（二〇〇二）『日教組女性部五十年のあゆみ――たたかいに学ぶ明日にむかって』日本教職員組合。
原伸子（二〇一二）「福祉国家の変容と家族政策――公私二分法とジェンダー平等」法政大学大原社会問題研究所・原伸子編『福祉国家と家族』法政大学出版局。
深谷昌志・深谷和子（一九七一）『女教師問題の研究――職業志向と家庭志向』黎明書房。
藤原千沙（二〇一七）「生活できる賃金をめぐる研究史―労働時間と社会保障の視点から」『社会政策』ミネルヴァ書房、九（二）：二三―三五。
山根純佳（二〇一〇）『なぜ女性はケア労働をするのか――性別分業の再生産を超えて』勁草書房。
Atobe, Chisato.（2023）*Who Supported the Career Development of Highly Educated Japanese Women between the 1970s and 1980s?: Focusing on the Social Divide of Women between Elementary School Teachers and Housewives in Tokyo*, Comparative Sociology (22) 5 : 691-705.
Connell, R. W.（2002）Gender: Short Introduction, Cambridge: Polity Press（レイウィン・コンネル『ジェンダー学の最前線』多賀太訳、世界思想社、二〇〇八年）.
Esping-Andersen, Gøsta（1990）*The Three Worlds of Welfare Capitalism*, Polity Press（G・エスピン・アンデルセン『福祉資本主義の三つの世界――比較福祉国家の理論と動態』岡沢憲芙・宮本太郎訳、ミネルヴァ書房、二〇〇一年）.
Folbre, Nancy and Himmelweit, Susan（2000）"Introduction. Children and Family Policy: A feminist issue," *Feminist Economics*, 6 : 1-3.
Ochiai, Emiko.（2009）"Care diamonds and welfare regimes in East and Southeast Asian societies", *International Journal of Japanese Sociology* 18 : 60-78.

（跡部千慧）

第七章

社会福祉の現場において〝ふたつの生活〟を守る

――社会的養護における施設職員の生活と施設で暮らす子どもたちの生活

筆者・岡がこれまで福祉分野の大学教育に携わってきて実感するのは、男子学生の少なさです。加えて、女子学生も福祉の現場で長期間にわたって勤めるイメージを持ちづらいようです。学生たちが福祉への志があってもその道を選ぶのが困難な状況があるのは、どうしてなのでしょうか。

第一節　福祉の現場において長期間就労するイメージを持ちづらい学生

本書では、これまで、社会政策において「生活」が排除されてきた歴史過程や、「ケア労働」が劣位に置かれざるを得ない社会政策の問題点を確認してきた。そのような中でも、社会福祉を担い、「ケア労働」を生業にし、社会政策を支える労働者が存在する。本章では、社会福祉、とりわけ、社会的養護分野で働く職員の実態から、社会政策の問題を考えたい。

福祉学部の学生に、「みなさんは『福祉の仕事をする人々』と聞くとどのようなイメージが浮かびますか」と問いかけると、必ず出てくる答えがある。すなわち、福祉職とは、自己の利益を省みず、他者を支えることを優先する慈善活動であり、どんな人でも受容する「聖母マリアのような慈悲深さを持つ人格者」にならないと続かない仕事という回答である。こうしたイメージを抱くがゆえに、学生たちは福祉を学ぶ過程において、「自分にやっていけるのだろうか」と自信を無くすことがある。

筆者・岡は、「子ども家庭福祉」を専門として学び、「子ども家庭支援センター」という行政機関において子育て支援の専門相談員として、親子を支えるために地域の専門機関と連携しながら働いていた。その経験を活かし、大学教員になってからは、学生が社会福祉士や保育士の資格を取得することを目指す課程において、特に「子ども家庭福祉」分野の福祉職を養成する専門科目を担当している。

岡は、非常勤講師を含めて複数の大学で教壇に立ってきたが、共通することは、福祉系学部における男子学生の少なさである。どの大学でも、一割から三割程度だった実感がある。一方、女子学生も、福祉の現場、特に利用者がそこで生活する入所施設への就職を迷いなく目指す学生は少ない。入所施設への就職を目指すとしても、「結婚したら辞める、あるいは転職する」というキャリアプランを聞くこともある。その理由として、学生たちは、妊娠したら専業主婦になって子育てに専念したいという場合もあるが、多くの学生は、結婚後も働き続けたいものの、入所施設での勤務形態は自身の家族生活との両立が困難である印象を抱いている。すなわち、社会的養護における施設職員の生活と施設で暮らす子どもたちの生活という〝ふたつの生活〟の間には常に緊張関係があり、どちらかをとるとどちらかが犠牲になるというイメージが学生にはあるのである。

この〝ふたつの生活〟に対するイメージによって、福祉への志があっても、学生たちがその道を選べない、あるいは、その道へ進んだとしても長期間にわたって就労する展望を持てず、進路変更せざるを得ない状況がある。そこで、本章では、社会福祉の中でも、筆者・岡が実務経験をもつ、「子ども家庭福祉」分野、とりわけ、二四時間勤務体制をとる必要がある社会的養護の施設に焦点化して、職員の労働と生活を考えていきたい。

第二節　先行研究で語られる社会的養護施設職員の「労働と生活」

社会的養護施設職員の労働と生活は学界の議論の主題となってこなかった。その背景として、伊藤嘉余子によると、施設職員が施設を「労働の場」と捉えることに懸念があることが影響しているという。職員は子どもとともに施設で「生活」を共有することによって、子どもへの共感、受容の姿勢や視点を培っていく必要があるという考えが強いのである（伊藤 二〇〇三：七〇）。その中でも、遠藤由美は、社会的養護施設の施設長・職員による実践事例や大学教員による寄稿をまとめ、施設の小規模化が長時間労働を招いていることや、全国児童養護問題研究会神奈川支部が二〇一一年から二〇一二年に神奈川県内の児童養護施設を対象に実施した調査結果を引用し、実際に利用できる育児休業制度の確立と、職員の働き方の柔軟性の必要性を主張した（遠藤 二〇二二：二五二─二五七：二五九）。

藤田哲也は、社会的養護の施設（児童養護施設）への調査を通じて、職員の育成に有効であるのは、施設運営の方向性を、管理職から職員へ伝達するだけでなく、職員が意見を出すことによって、互いに共有し確認することであると明らかにした。こうしたかたちをとって、職員が前向きに取り組むことのできる環境づくりであることを示した（藤田 二〇二二）[1]。

労働社会学では、隣接領域である介護士や保育士の研究が蓄積されている。山根純佳は、日本の介護福祉は、介護保険制度の導入によって、介護職の増加と専門職化のなかで男性の参入を促し、介護労働における男性優位を形成させたことを明らかにした。男性介護職は、長時間働くことによって、有能な人材と評価され、ユニットケア方針の決定や、対外的な調整役割を担うことになる。これに対し、夜勤専従を配置した施設では、長時間働けることとリーダーとしての能力の評価は独立しており、出産後の女性のキャリアの継続が可能になっていた（山根 二〇二二）。こうした長時間労働の背景には、福祉サービスの市場化における顧客主義、低い介護報酬による経営の効率化といった制度的要因がある（山根 二〇二二：二〇二三）。

小尾晴美は、保育士を対象に研究を蓄積し、養育と教育を一体に遂行する専門職である保育士は、一九九〇年代以降本格化した保育制度の再編によって、実質的な運営費の削減と、正規保育士の削減をもたらし、労働環境が悪化していることを指摘する（小尾 二〇一六：五〇：二〇二三：一三六：一四二）。求められる役割と待遇とのギャップにモチベーションを下げてしまう保育士や、職場集団が機能しにくい条件が存在し、二〇歳代の保育士が出産・育児を越えて働き続けることは難しい状況である（小尾 二〇一六：五一）。

一方、バーンアウトに関する研究においても、社会的養護施設職員について言及されている。これらの研究では、施設職員のストレスの要因（坂本 二〇〇〇：加藤・益子 二〇一二：山地・宮本 二〇一二）と、バーンアウトを予防するための職員個々人への研修が分析される（積・横山 二〇〇三）。宮地菜穂子は、職員個々人の問題からさらに踏み込んで、児童養護施設の離職者は、古典的なバーンアウトではなく、比較的健康的な状態にあって、施設の運営体制に問題を感じて離職することを明らかにした（宮地 二〇一二）。

だが、施設の運営体制の問題を視野に収めていても、介護士や保育士のような制度の構造的要因と職員の労働の連関まで収められていない段階である。社会的養護施設の分野においては、どのような制度の構造的要因と職員の労働の連関があるのだろうか。それに対して、現場からどのような対策を打ち得るのだろうか。そこで、本章では、社会的養護施設の施設長の実践を焦点化する。施設で暮らす子どもたちが安心でき、働く職員の労働環境を守るために必要な施設長の実践を社会政策との関連から考察していく。

第三節　施設長の実践を社会政策との関連から考察するための研究方法

先述のリサーチ・クエスチョンを解明するために、社会的養護施設に約五十年にわたり勤務し、施設長やスーパーバイザーの経験をもつA氏にインタビュー調査をした。インタビュー調査を採用した理由は、社会的養護の管理職からの視点による具体的な取り組みを調査した先行研究の蓄積が少ないため、調査者との相互のやりとりを通じて、調査対象をも言語化し得ない実態を捉えていくためである。調査時期は二〇二三年八月から二〇二四年五月であり、調査項目は**表7-1**の通りである。本調査は、埼玉県立大学倫理審査の承認を得ている（承認番号二三二九〇）。

A氏の経歴は**表7-2**の通りである。A氏は社会的養護分野の児童養護施設において三十年近く児童指導員として働いた後、四つの社会的養護施設で施設長をしてきた。A氏が施設長に就任した社会的養護施設は、混乱期と呼ばれる施設内虐待が発生した後であったり、運営管理力が低迷したりした施設だった。社会的養護施設の施設長経験者の中でも、A氏を調査対象に選んだのは、複数の施設において施設の立て直しを経験しており、社会的養護施設職員の労働と管理者の役割を熟知していると考えたからである。

表7－1　インタビュー調査項目

1　所属機関の運営理念，支援方針
2　所属機関の人材確保や育成の取り組み
3　所属機関の職員の就労継続・離職状況
4　児童養護施設の人材確保や職員育成にあたっての課題・苦労
5　児童養護施設における就労継続において，職員のライフステージの変化（結婚・出産など）が影響するか，影響するならばどのように影響するか
6　子どもたちが児童養護施設で安心して生活するために，職員が長く働き続けることは重要なことだと感じるか。職員の離職は子どもにとってどのように影響するか
7　子どもたちが退所後も安心して生活していくために児童養護施設が担う役割とは

表7－2　A氏の経歴

年	年齢	出　来　事
1976	20代	児童養護施設Aに就職する
1982	30代	組合の役員に就任する
1985	30代	全国児童養護問題研究会東京支部の役員に就任する
1987	30代	全国進路指導研究会の役員に就任する
2003	50代	児童養護施設Bで施設長に就任する 東京都社会福祉協議会の児童養護関係団体において制度政策・調査研究・予算対策などを担当する
2007	50代	児童養護施設Cで施設長に就任する
2009	50代	児童養護施設Dで施設長に就任する
2018	60代	乳児院Eで施設長に就任する

出所：A氏へのインタビュー調査をもとに筆者作成。

本章では、A氏へのインタビュー調査に加えて、こども家庭庁、厚生労働省といった行政文書や、みずほ情報総研株式会社、認定NPO法人ブリッジフォースマイル、社会福祉法人東京都社会福祉協議会児童部会調査研究部の調査も補足的に用いてA氏の施設運営を記述していく。

第四節　「職員がやりとげたい想い」を実現するA氏の施設運営

ここでは、A氏のインタビュー調査を、第一に全職員で共通方針を紡ぎ出す組織構造、第二に制度の活用および要求の仕方を職員と学ぶという二つの特徴に焦点化して論じていく。A氏のこれまでの実践を紐解くことによって、管理職として施設構造をどのように組み立て、どのような眼差しで職員を見守るのかを解明し、社会的養護施設職員の就労継続の抑制要因を減らし促進要因を増やすための知見を得たい。結論を先取りすると、A氏の実践の要点を収斂《しゅうれん》させることによって、施設職員が「やりとげたい想い」を実現していくという、キーワードが浮かび上がってくる。

一　社会的養護における施設職員の働き方

具体的なA氏の実践を検討する前に、社会的養護施設職員の働き方を確認したい。第一にそもそも社会的養護とは何か、第二に社会的養護における理念の変容、第三に児童養護施設の職員の就労状況を確認していく。

(一) 社会的養護および代替養育とは何か

社会的養護とは、児童福祉法に基づいた仕組みであり、「保護者の適切な養育を受けられない子どもを、公的責任で社会的に保護養育するとともに、養育に困難を抱える家庭への支援を行うもの」(こども家庭庁 二〇二四) とされている。現代では、虐待や保護者の疾病などにより適切に養育することが困難な状況下において、保護者への養育支援ないし子どもへの直接的な支援を届けることが必要であると児童相談所が判断した際に支援する。

社会的養護のうち、保護者と分離して保護する場合を特に代替養育と呼ぶ。代替養育には様々な種類があり、里親制度などの「家庭養護」と児童養護施設などの「施設養護」に大きく分けられる。施設養護の中で広く知られているのは児童養護施設であろう。原則二歳から一八歳が入所する。日本において代替養育を必要とする子どもたちは、二〇二一年度末時点で四万一八六九人いて、そのうち二万三〇〇八人の子どもが全国六一〇カ所の児童養護施設で暮らしている (こども家庭庁 二〇二四)。

(二) 社会的養護における理念の変容

二〇一六年児童福祉法改正では、制定以来、初めて第一条の理念部分が改正され、子どもが権利の主体であることが改めて明確化された。児童の権利に関する条約第三条「児童に関するすべての措置をとるに当たっては、児童の最善の利益が主として考慮される」を踏まえての改正である。

前期の法改正に基づき、すべての子どもの育ちを保障する観点から、社会的養護においては「家庭養育」優先の理念が規定された。まずは「家庭復帰」に向けて最大限に努力し、実親による養育が困難であれば、特別養子縁組による永続的解決 (パーマネンシー保障)[2] や里親による養育を推進することとなった。施設に措置する場合は短期の入所を原則として、「できる限り良好な家庭的環境」を提供することが求められた（新たな社会的養育の在り方に関する検討会 二〇一七）。しかしながら、特別養子縁組や里親よりも施設を利用している割合は高く、最新の調査によると、児童養護施設に在所している児童（二〇一八年二月一日現在）のうち、五八・三％は「自立まで現在の児童養護施設での養育」の見通しだった（厚生労働省 二〇二〇）。

以上のように、社会的養護の理念が「家庭養育」優先に変容したことによって、児童養護施設で働く職員の労働も変容してきている。子どもたち一人一人に寄り添い、できる限り「家庭的」な養育環境を提供する必要があるのである。

（三）児童養護施設職員の就労

こうした環境において職員は、どのように就労しているのだろうか。端的にいうと、児童養護施設は就労を継続しやすい職場とは言い難い。全国の児童養護施設を対象とした調査によると、二〇一一年度の離職率一三・三％のうち、就職三年以内の離職者が四九％を占めており、職場定着の難しさが伺える（認定ＮＰＯ法人ブリッジフォースマイル 二〇一三）。

社会福祉法人東京都社会福祉協議会児童部会調査研究部の調査によると、東京都の児童養護施設のうち、「職員採用に関して必要な人材が確保されなかった割合」は、二〇二一年度・二〇二二年度ともに四五・三％である（社会福祉法人東京都社会福祉協議会児童部会調査研究部 二〇二四：二五）。

なお、児童養護施設および乳児院における職員のジェンダー構成は、二〇一六年九月時点において、男性三二・六％、女性六七・四％であった（みずほ情報総研株式会社 二〇一七）。

以上のように、社会的養護の理念の変容によって、児童養護施設などの施設は、「家庭的」な養育環境を提供することが求められるようになってきた。一方、児童養護施設の離職者のうち、就職三年以内の離職者が半数近くを占めている。まさに、一人一人に寄り添う「家庭的な養育環境」の提供が、児童養護施設の大舎制から小規模化（遠藤 二〇二二）と相まって、職員に対する労働強化を招いている可能性がある(3)。

二　A氏の施設運営——社会政策に抗う現場の実践

こうした職員への負担の増加が懸念される状況下にもかかわらず、A氏が施設長として勤めてきた児童養護施設では退職者が減少し、退職者がいない年もあった。A氏は、虐待が発生した施設において、職員と入所する子どもたちが良好な関係を築き直すような運営だけではなく、職員と入所する子どもが協働して、法律の改正といった社会変革を起こす事例も出してきた。本書では、前章・第六章までの各章において、いかに日本社会が、社会的問題を個人の問題に帰着させ、労働者の連帯を阻害してきたのか、そこに社会政策がいかに影響してきたのかを考察してきた。

A氏の施設で起きていることは、まさに、労働者である職員同士が連帯し、ときには、入所する子どもも加わって、社会的問題を集団的に解決していくことである。言い換えれば、社会政策の不備を現場の実践で押し返しているのである。A氏はどのような施設運営をしてきたのだろうか。

ここでは、第一に全職員で共通方針を紡ぎ出す組織構造、第二に制度の活用および要求の仕方を職員と学ぶという二つの特徴に着目して、A氏の実践をみていきたい。

（一）全職員で共通方針を紡ぎ出す組織構造

社会的養護施設の現場に約五十年携わってきたA氏はこれまで、自身が働く施設の他にも、多くの社会的養護施設の職員から相談を持ち掛けられてきた。すると、同じ問題の構図が見えてきたという。A氏は相談してきた職員に対して何度も繰り返し図を描いて見せることによって、悩みの問題構造を可視化してきた。

問題の構図には、二つの要素があった。第一に、「子どもへの対応の属人化」、第二に、職員間の「責める文化」である。

第一の「子どもへの対応の属人化」は、職員が入所する子どもに対して「一人担当制」をとることによって、孤立して働いていることである。ここでトラブルが発生すると、さらにまわりの職員に相談しにくい雰囲気となる、という悪循環が発生していた。A氏は次のように語る。

いろんなことが起きる話を、あちらこちらで聞いてきました。そうするとどうも同じ構図になっています。子どもと職員の関係で語られて、客観的にみれば、職員本人は積極的にやってあげてるつもりだけど、子どもにいいように操作されている。子どもはそうは見ていないよ、みたいな。主観的にはいいことしているつもりなんです。それは他の職員の方からみれば、何勝手なことやってるんだ、困った人って話になって。それが続くと、トラブル・事故になる。要は報告して、相談すれば、こういうことにならない。今こういう関係づくりしているっていうのを、報連相できるといいんです。

つまり、何か問題が起きた時にだけ、報告・連絡・相談するのではなく、子どもと良好な関係をつくれたときも、情報を共有する仕組みが必要であるとA氏は考えている。それぞれの職員がバラバラに「良かれ」と思って動くことによって、「勝手なことをやっている」という責め合いが起こるからである。

第二の「責める文化」は、職員が、何かトラブルが起きた時に同僚や上司から責められるという不安を抱えてしまっているパターンである。A氏が施設長をしていると職員から「いてくれると安心なんです」と言われたことが複数の施設であった。A氏が施設長になって一〇年経った頃に、ある若手職員から「私には守られている感があるんです」と言われて、A氏は腑に落ちたという。何か問題が起きたときに、先輩からも、施設長からも、守ってもらえないと思っていたのだとA氏は考えた。そして、A氏は、「安心感は、仲間が助け支えてくれることや、責められる心配がないことが、仕組みとして担保されていると、生まれるのではないか」と考えるに至った。

すなわち、この二つの要素それぞれについて、A氏は職員の働く姿勢や相性の問題などではないと気が付いたのである。子どもと職員、職員同士といった一対一の「人間関係論」に終始しても解決には結びつかない。個人に責任を負わせ、各々が孤立していく構造を改善する必要がある。そして、構造が改善されることによって人に依存せずに健全に運営できる組織文化を定着させることができれば、問題は繰り返されないのである。

この構造を改善する第一歩として、A氏は、各々の職員が「チームで話し合い、決断する」過程を導入した。A氏は、この各々の職員が「チームで話し合い、決断する」過程こそが、職員間の共通方針を決定し、組織として実行に移す文化を育てるきっかけになると考えている。

一方、各々の職員が方針を決定し、実践した結果に対して、「何をやっているんだ」と責める文化になってしまうと、「下手に責められるくらいだったら、お伺い立てて決めてもらおう」となり、悪循環を生み出す構造が変化しないのである。そして、この責める文化は、個々の職員が方針をそれぞれに考え、実践することによって、なぜその実践をしたのかの理由や、その結論に至った過程が、他の職員から不可視化されていることによって起きる。

だからこそA氏は、緊急的な対応を除く、日常的な対応に関して「どうしましょうか」と相談にきた職員に対しては、「担当の意見をまとめて運営会議で報告してください」と返すようにしてきたという。個人の意見ではなく、担当のチームとしてまとめてもらうようにしてきた。

そういうのを二〜三回やったらさ。「なんだ自分たちで決めたのでいいんだ」って。聞きに来なくなった。結局、話し合って決断することもしんどいけど、それをスタートさせたことを途中であれこれ言われるのがしんどい。自分たちでつくっていく。その時に、やってることで責められない。安心して取り組める仕組みを作っていく。

すなわち、職員が安心して文化を構築するためには、常に情報が共有され、職員の共通方針を決めていくプロセスを整えることが必要である。このプロセスにおいて、施設長は、決定そのものではなく、方針決定まで向かうプロセスを整えることを担う。A氏の言葉で表現すると、毎回施設長に伺いを立てなくとも、「全職員総意のもと自分たちで共通方針を作るのだ」といった職員が自主的に取り組める風土を作るのである。

決定した方針は、以後永久的に守り続けるものではなく、方針に沿って実践するなかでトラブルが起きたら、見直していくものである。そのため、施設長であるA氏は、トラブルが起きた際に、職員が決めた方針の不備を責めるのではなく、「次どうするの」と声かけをする。
このようなかたちで方針の細かい軌道修正を繰り返しながら、いわゆる「小さな成功体験」を積み重ねていく。すると、職員が成長し、施設も変容していく。いつどこで誰が決めたのかわからないピラミッド型の運営ではなく、決定プロセスが透明化され、職員が「自分たちで決めたこと」が尊重されれば、職員も自信を持って行動に移すことができる。職員がよかれと思ってやることが責められるのではなく、「職員の志」が子どもに届く構造となるのである
こうした運営方針を職員に浸透させていく中で、A氏が驚いたことがある。

びっくりしたんだよ、ほんと。仕事なんてのは、僕らの頃は自分たちで考えて進めていくものだと思ってた。（施設内虐待が発生したB施設の）職員から、「自分たちで話し合ってできるようになってみて、子どもの進路を決めるとなると、この子の人生、こんな風に進めちゃっていいのかなって、すごく大変ですね。命令される気楽さってあったんですよ」って話があった。でも続きがあって、「だけど、前みたいな指示命令の施設には二度と戻りたくありません」って。

こうしたA氏の実践は、藤田（二〇二二）が、社会的養護施設への調査を通じて、職員育成に有効であると示した施策と同様である。しかしながら、A氏は、この実践をさらに、職員の待遇改善や育児と施設勤務との両立に向けて活用していくのである。次に、A氏の制度の活用および要求の仕方を職員と学ぶ実践をみていきたい。

（二）制度の活用および要求の仕方を職員と学ぶ

これまで述べてきた組織の風土づくりを基盤にしてA氏はさらに事業運営、勤務体制や待遇面の改善に取り組んでいく。A氏の取り組みの特徴は、職員配置基準と措置費の仕組みを、施設長や管理職だけではなく、全職員が知るための勉強会を積極的に開催してきたことである。A氏は次のように語った。

僕に言わせれば、知るべきは職員だね。だって、自分の働いている職場が、どこに財源があるのかわからなかったら、「これ出るんだからやってください」って言えないでしょう。何度もやってある程度いったら、勉強会で若い職員に説明させる。説明することで、確かなものになるし。結局、語れる人を増やしておかないと、自分がいなくなったら、あと誰もわからないんじゃ困るんですよ。要求して改善する人がいないと。

人員配置には、設備運営基準上の人員配置基準と、措置費基準の二通りがあり、職員の人数も、配置できる専門職もまったく異なり、措置費を活用すれば充実した職員を配置できる(4)（こども家庭庁 二〇二四）。A氏はこれを「施設機能を高度化できる」と表現した。措置費基準の存在を知らなければ、職員を増員することはできないし、措置費基準による職員の人数を確保したとしても、都道府県に加算職員を申請しないと、施設に措置費が支払われないので、設備運営基準上の人員配置基準の資金で職員に給与などの処遇をしなければならなくなる。だが、それを活用しきれていない施設が多くあるとA氏は語った。だからこそ、A氏は職員とともに、措置費について学び、組織に定着する文化を築こうとしてきたのである。

こうした資金的な裏付けを持ちながらも、A氏の施設の運営は、単に給与を高めることだけに注力するというよりは、働きやすい勤務体制づくりに重きを置いてきたという。処遇改善というと、給与に目が行きがちであるが、働きやすい職場をつくることによって、処遇の改善は後からおのずとついてくるとA氏は語る。A氏は、この運営方針を「職員が活き活きしていなかったらだめだ」と表現する。すなわち、いくら給与を上げたとしても、〝職員が活き活きとしていない施設〟には、社会福祉を学び実習に来る学生は就職しようとしない。実際、A氏の施設では、過去に実習にきた学生が就職したケースが複数あった。その実習をきっかけに就職した職員たちは、「このチームに入ったら成長できそうだ」「あの先輩のもとで働きたい」と語ったという。

このように、実習にくる学生が「働きたい」と希望を抱ける施設というのは、裏返せば、子どもが安心して生活できる施設であり、「職員がやりとげたい想い」を実現できている施設なのである。A氏によると、職員配置の考え方として重要なのは、「加算事業をつけられる施設かどうか」であり、その境目は「人材確保」できるかどうかだという。学生が施設を気に入り就職するといったかたちで人材を確保できれば、措置費基準で設備運営基準上の人員配置基準よりも多い職員を配置できる。その結果、夜勤の無い事業部署の創設なども可能となる。A氏は加算事業について次のように語る。

例えば、うちでいうと、いま児童相談所が、フォスタリング（里親養育包括支援）機関を募集していて、うちが応募しています。社会的養護施設でのキャリアを活かして、里親支援業務をする事業。夜勤のない、昼間の業務。そういう形で、子どもに関わった経験を、里親支援に活かす。子育てしている最中に、変則的なローテーション勤務に入らなくていいような部署を作る。例えば子育てじゃなくても、介護の問題とか、いろいろあったりするわけで、それに応じた働き方ができるような色んな部署を作っていくことで、職員が働き続けられる環境整備をしていく。このことは社会がいま求める課題に対しても積極的に応えていく意味もある。

このように、職員を確保することによって、措置費基準での職員の加算配置への申請が可能となり、平日九時から一七時でも働ける事業を生み出し、職員自身の家族的責任と施設勤務との両立や、余暇を確保することを実現できるようになる。さらに、最低基準と措置費基準といった制度を職員自身が学ぶことにより、単なる事業拡大にとどまらず、その実践において職員のライフステージの変化に応じた柔軟な働き方を見据えることができるようになる。職員は安心して、長期的に働き続けていく展望を持つことができるのである。

先行研究では、職員個人がどのように対処するかに議論が集中しがちであったが、A氏の実践は、職員が集団的に解決していく力を養成することの重要性や、制度を理解し活用することによって、夜勤のない事業を生み出せることを示す。

実際にA氏の施設運営によって、虐待の発生した施設において持久走大会の応援を可能にするまで職員と子どもたちおよび職員同士の関係性が回復した事例[5]や、社会的養護施設で暮らす子どもたちの携帯電話契約を可能にしたという社会変革に結びつくような事例[6]もインタビューの中でA氏は語った。これらの事例はいずれも、「実家庭」で暮らす子どもたちが当たり前に享受できていることを、施設で暮らす子どもたちも享受できるように取り組んだ事例である。こうした取り組みが生まれたのは、職員間で常に情報が共有され、職員がチームで共通方針を決めていくプロセスをA氏が整えてきたからである。重要なのは、職員のアイデアが実現するかどうかよりも、「子どものために動きたい」という想いを抱く職員が、その想いを発信でき、同僚や上司に受け止められる職場環境である。こうした環境だからこそ、職員は、やりがいを抱くことができる。そのような職員のもとで暮らしているからこそ、施設の子どもも諦めず、職員と共に施設に暮らす子どもたちが抱える障壁に立ち向かうことができたと考えられる。

A氏の施設運営の実践は、子どもだけでなく、大人、すなわち、職員の権利も守っているといえる。A氏の語った変革事例は、従来は子どもの権利擁護の文脈で紹介されがちであったが、A氏は〝職員が子どものためにやり遂げたい想い〟に焦点化して施設運営をしてきた。こうした職員の想いに向き合うからこそ、子どもの権利擁護も実現したのである。

第五節　「子ども家庭福祉」分野における〝労働環境の不協和音〟の解消
――日本のソーシャルワークの展望

本章では、児童養護施設や乳児院といった社会的養護施設での施設長の経験のあるA氏の実践に着目しながら、施設で暮らす子どもたちが安心でき、働く職員の労働環境を守るために必要な施設長の実践を紐解いてきた。本章で明らかになったのは次の二点である。

第一に、社会的養護施設においては、二〇一六年児童福祉法改正によって、すべての子どもの育ちを保障する観点から、「家庭養育」優先の理念が規定された。こうした制度的背景によって、施設が小規模化することにより、労働時間が長時間化してきている（遠藤 二〇二二）。同時に、もともと社会的養護施設では、子どもへの対応が属人化しており、職員が孤立しやすい職場構造になっており、離職率も高いことから、制度の構造的要因と職員の労働の連関が明らかである。

第二にこうした状況に対して、インタビュー対象のA氏は、全職員で共通方針を紡ぎ出す組織構造を構築し、フラットな組織において、職員とともに、制度の活用および要求の仕方を学ぶという実践を展開してきた。その結果、措置制度を活用することによって、職員数を増やすことができ、さらに、夜勤の無い事業部署の創設なども可能にした。柔軟な働き方が実現すると、職員が活き活きと働くようになり、学生が施設を気に入り就職するといったかたちで人材を確保することが可能になる。同時に、人材が確保できるようになると、措置制度を活用することによって、複数の専門職を配置できるようにもなる。山根（二〇二二）は、夜勤専従の職員を置いた介護施設は、女性も出産後のキャリア継続が可能になることを指摘した。A氏の施設においても、夜勤の無い事業部署を創設することによって、性別にかかわらず、職員が継続的に就労できる環境を整備できていたと推察できる。

以上のようにA氏は、〝ふたつの生活〟を守る、すなわち、施設で暮らす子どもたちが安心でき、働く職員の労働環境を守ることを実現してきたのである。社会的養護施設の先行研究では、職員のストレスの要因に着目されがちであったが、A氏の実践は、個人や職員間の人間関係に問題を帰着させるのではなく、組織構造を変える必要性に着目していた。さらに、A氏の実践は日本の福祉職では珍しく、社会変革までも見据えており、実際に、社会的養護施設に入所する子どもが携帯電話の契約をできないといった社会的問題も克服した実績がある。本書では、前章までの各章において、いかに日本社会が、社会的問題を個人の問題に帰着させ、労働者の連帯を阻害してきたのかを考察してきた。

A氏の実践は、施設の指導的立場にある施設長が、先頭に立ち、労働者である職員同士が連帯し、社会的問題を集団的に解決していくことを主導してきたといえる。労働者たちの生活原則である自助原則を修正するためには、社会政策の両輪として労働分野と対をなす生活分野の社会保障・社会福祉が必要とされる。一方、この生活分野の社会保障・社会福祉にも、社会的養護施設の職員のように、社会保障・社会福祉を担う労働者がいる。社会政策の両輪の一つである生活分野の社会保障・社会福祉で働く労働者の実態に迫り、生活分野を支える労働者が、自分自身の「労働と生活」を両立できるような独自の政策をうみ出さなければ、社会政策の基盤が揺らぎうる。社会的養護分野においても、A氏のような社会問題を集団的に解決していく現場の実践に学び、職員の労働を考える研究の蓄積が必要であろう。

次章・第八章では、社会保障の枠外に置かれがちな脆弱な立場の人々をさらに焦点化していく。具体的には、いわゆるセクシュアルマイノリティであり、外国にルーツをもつ新宿二丁目で働くＤＪの生活史から日本の社会政策の問題を考えるとともに、A氏のように社会変革を目指し、社会政策の不備を草の根から切り返そうとする実践をみていきたい。

謝辞　本研究の協力者A氏に心からの感謝を申し上げる。また、社会福祉分野における労働環境の不協和音に踏み込んで調査研究する勇気を与えてくださった恩師・浅井春夫氏・市村彰英氏・芝田英昭氏・箕口雅博氏・湯澤直美氏と構想段階から寄り添い支えてくださった浅井健史氏・大塚斉氏に感謝を申し上げる。筆者・岡が二〇年に亘り社会福祉系学部の学生たちを福祉の現場に送り出してきた中で抱いてきた問題関心、すなわち、施設職員が活き活きと働くことによって施設で暮らす子どもたちも明るい将来展望を抱けるのではないかという課題認識をもとにした論文をまとめ上梓することができたのは、皆様のおかげである。

〈注〉

（1）このほかの福祉職のマネジメント研究としては、医療ソーシャルワーカーを対象に据えた戸石輝・大西次郎（二〇二三）や特別養護老人ホームを対象とした崔允姫（二〇一八）がある。

（2）パーマネンシーとは、「心理的親との永続的な関係の下での養育環境」と定義づけられている（畠山 二〇一五）。Goldstein, et al.（1996）は、少なくとも一人の「心理的親」＝「子どもの身体的・心理的ニーズに関心を払い交流し日々の経験を共有する大人」の存在によって子どもは自分が、愛され、価値があり、「求められている」と安心し、健全に発達できることを強調した。

（3）藤間公太（二〇一八）は、「家庭」を理想的なケア環境とみなすことの問題を検討し、社会的養護を「家族」の代替と位置づけることは、社会的養護の現場でケアを担う者に対する要求の水準が過剰に上昇し、職員のバーンアウトや、その結果としての（社会的養護の対象となる子どもに対する）ケアの一貫性の喪失につながることも考えられると主張する。

（4）例えば、児童養護施設において、児童指導員および保育士の配置基準は、設備運営基準上の人員配置基準では「小学生以上の児童五・五人につき職員一人」を配置できる。だが、職員を確保すれば、措置費基準に基づき「小学生以上の児童四人につき職員一人」を配置できる（こども家庭庁 二〇二四）。すなわち、最低基準の職員数であれば、職員一人が小学生以上の児童五・五人をみる必要があるが、措置費基準においては、職員一人が小学生以上の児童四人をみるため、職員一人あたりがみる子どもの数が減り、きめ細やかに子どもに向き合い、一人一人に個別に対応できるようになる。

また、措置費基準では、児童指導員および保育士のほかに「心理療法担当職員」「家庭支援専門相談員」などの人数も増員できるほか、設備運営基準上の人員配置基準には含まれない「里親支援専門相談員」「自立支援担当職員」など、専門の役割を担う担当職員も配置が可能となる。このほかに、「小規模グループケア加算」「医療的ケア児等受入加算」「一時保護実施特別加算」がある（こども家庭庁 二〇二四：一〇九：一一八：二一〇）。

（5）全国児童養護施設協議会の季刊誌『季刊児童養護』に詳細が掲載されている。

（6） 遠藤（二〇二二）に詳細が掲載されている。

〈文献〉


新たな社会的養育の在り方に関する検討会（二〇一七）『新しい社会的養育ビジョン』https://www.mhlw.go.jp/file/05-Shingikai-11901000-Koyoukintoujidoukateikyoku-Soumuka/0000173888.pdf（二〇二四年二月一日閲覧）。

伊藤嘉余子（二〇〇三）「児童養護施設職員の職場環境とストレスに関する研究」『社会福祉学』四三（二）：七〇—八一。

遠藤由美編（二〇二二）『「そだちあい」のための社会的養護』ミネルヴァ書房。

小尾晴美（二〇二三）「保育士」田中洋子編『エッセンシャルワーカー——社会に必要な仕事なのに、なぜ安く使われるのか』旬報社。

——（二〇一六）「フォーマルなケア供給体制の変化とケア労働への影響——保育士の非正規雇用化に揺れる公立保育所の職場集団」『大原社会問題研究所雑誌』（六九五・六九六）：三五—五二。

加藤尚子・益子洋人（二〇一二）「児童養護施設職員のバーンアウトに関する研究——職員支援にもとづく被措置児童等虐待防止の観点から」『明治大学心理社会学研究』八：一—一五。

厚生労働省（二〇二〇）「児童養護施設入所児童等調査の概要（平成三〇年二月一日現在）」、厚生労働省 https://www.mhlw.go.jp/stf/newpage_09231.html（二〇二四年二月一日閲覧）。

こども家庭庁（二〇二四）『社会的養育の推進に向けて』https://www.cfa.go.jp/assets/contents/node/basic_page/field_ref_resources/8aba23f3-abb8-4f95-8202-f0fd487fbe16/008507e0/20240329_policies_shakaiteki-yougo_88.pdf（二〇二四年五月一日閲覧）。

坂本正路（二〇〇〇）「児童養護施設職員の受ける二次的トラウマ（心的外傷）とその回復について」『小田原女子短期大学研究紀要』三〇：七七—八八。

社会福祉法人東京都社会福祉協議会児童部会調査研究部（二〇二四）『紀要 令和三年度・四年度合併号』。

積みどり・横山恭子（二〇〇三）「児童養護施設に従事する援助者のバーンアウト予防の試み」『上智大学心理学年報』二七：八七―九四。

崔允姫（二〇一八）「特別養護老人ホームにおける組織マネジメントが介護職の人材定着に影響を及ぼす要因――施設経営管理職へのインタビュー調査を中心として」『社会福祉学』五九（二）：四〇―五五。

戸石輝・大西次郎（二〇二三）「医療ソーシャルワーカーが管理職として行う管理・マネジメントプロセスの解明――勤続年数十年以上の課長に対するインタビュー調査から」『社会福祉学』六四（一）：四六―六〇。

藤間公太（二〇一八）「家族社会学の立場から捉える社会的養護――『子ども／大人』の相対化と『依存批判』との接合可能性」『子ども社会研究』二四：二一三―二三一。

認定ＮＰＯ法人ブリッジフォースマイル（二〇一三）『全国児童養護施設調査二〇一二施設運営に関する調査結果』https://www.b4s.jp/wp-content/uploads/2021/05/bfcf232bae6edc81cc二五二82451723ef9.pdf（二〇二四年四月一一日閲覧）。

畠山由佳子（二〇一五）『子ども虐待在宅ケースの家族支援――「家族維持」を目的とした援助の実態分析』明石書店。

藤田哲也（二〇二二）「児童養護施設における職員育成の取組み――管理職への調査結果から」『岐阜聖徳学園大学教育実践科学研究センター紀要』二二：一六一―一六八。

みずほ情報総研株式会社（二〇一七）『児童養護施設等の小規模化における現状・取組の調査・検討報告書』https://www.mhlw.go.jp/file/06-Seisakujouhou-11900000-Koyoukintoujidoukateikyoku/0000174956.pdf（二〇二四年四月一一日閲覧）。

宮地菜穂子（二〇一一）「児童養護施設におけるケア職員の離職の意思形成に至る要因」『子ども家庭福祉学』一〇：二二三―二三四。

山地明恵・宮本邦雄（二〇一二）「児童養護施設職員のバーンアウトとその関連要因」『東海学院大学紀要』六：三〇五―三一三。

山根純佳（二〇二三）「新自由主義とケア労働」『大原社会問題研究所雑誌』七七一：二九―四三。

――（二〇二二）「ケアワークにおけるジェンダーの再編――「長時間労働する身体」と「ヘゲモニックな男性性」『社会学評論』七二（四）：四三三―四四九。

Goldstein, J., Solnit, A. J., Goldstein, S. et al.（1996）*THE BEST INTERESTS OF THE CHILD-The Least Detrimental Alternative*, THE FREE PRESS.

（岡　桃子・跡部千慧）

第八章

グローバル東京をクィアする

——音楽実践をつうじた多文化共生と共創

週末になると、新宿二丁目の路上は人でいっぱいになることも珍しくありません。本章では、グローバル化する東京・新宿二丁目での働き手に着目し、DJという仕事を通じ、どのような空間や文化の創成が目指されているのか、二人の生活史に焦点を置きます。

第一節　新宿二丁目における性の多様性とグローバルシティ・東京

「新宿二丁目」と聞くとまず思い浮かぶのは、ひと昔前までは「いかがわしい、性的な空間」（砂川二〇一五：四）であった。週刊誌やテレビ番組が面白おかしく取り上げていたのがその影響の一つにあろう。では現在はどうだろう。おそらく「性の多様性」ではないだろうか。

近年、学術だけでなく学校や企業など様々な領域で、性の多様性が頻繁に話題として取りあげられる。それは一種の流行現象と言っても過言ではない。また、無数の個人がYouTubeやX（twitter）、などで発信し、もはや全体の把握は困難なほどである。社会学者K・プラマーが一九九〇年代に指摘したように、メディアに氾濫するセクシュアル・ストーリーには限度がない（プラマー 一九九四＝一九九八)。事実、新宿二丁目はかつて雑誌やインターネットメディアの拠点でもあり、一九九〇年代には『Badi』や『G-men』といったゲイ雑誌や、(ポルノ)ビデオなど、あふれんばかりのセクシュアル・ストーリーを生産してきた。この意味で、新宿二丁目は、確かに性の多様性を象徴する現代の都市空間と位置づけることができよう。

歴史的文脈でも、新宿は一六〇四年に定められた五街道の一つ甲州街道の起点、日本橋と宿場町高井戸の中間地点としての新しい宿(新宿)として誕生した。色街として繁栄を遂げ、今でも新宿二丁目にある成覚寺には、遊女を供養する合同碑が残されている。遊郭自体は第二次世界大戦中に消失したが、戦後GHQによる公娼廃止指令(一九四六年)から売春防止法の施行(一九五八年)までの間に、新宿二丁目はいわゆる「赤線」地域として風営法の特殊飲食店の許可を得て、半ば公認の売春地帯であった。売春防止法施行後は、赤線地域の特殊飲食店が閉業し空き家となった場所に、喫茶店などを営業する店舗が出現し、現在の新宿二丁目の原型が形成されたのである。

評論家の伏見憲明によれば、「新宿二丁目がゲイバー街となるきっかけ」は、一九五一年に松浦基夫が開いた喫茶店「イプセン」が、一九五三年に内外タイムズの記事で「男色居酒屋」として取り上げられたことが大きかったという(伏見 二〇一九:六七—六九)。イプセンは、アメリカ進駐軍関係者や三島由紀夫などの著名人が集う隠れ家的存在であり、駐留アメリカ軍の女性兵士を含む女性同士の出会いも含まれていた(伏見 二〇〇九)。ここから、新宿二丁目のゲイバーの形成だけでなく、実際にはレズビアンバーの萌芽も推察される。当時、バーを開くという経済的資本が一般的にシス男性にほぼ独占されていたことを考えると、オーナーだけでなく、実際に集う人たちの多様性に注意を払い、働き手や利用客にもアクセスする必要がある。この課題は現在も残されているということには留意しなければならない。以上のような経緯を経て、ゲイバーやレズビアンバーなど三百軒以上に及ぶ小規模の商業施設が密集した空間としての新宿二丁目という一つの街が形成され現在に至る。

それでは、新宿二丁目に集う者にとって、街はどのような空間と位置づけることができるだろうか。例えば人類学者の砂川秀樹は、ヒトやモノが集中し匿名性や紐帯からの解放としての「盛り場」であると同時に、社会的な結合関係としてのコミュニティの側面を強調する。具体的には、性的な関係性を主軸に構成される空間に限定されない、集まることで孤独感を癒してくれる居場所であり、性的マイノリティとして生きていくことの意味を考えるきっかけとなった場所である（砂川 二〇一五）。また、伏見憲明も、新宿二丁目では性的な相手よりも、同じセクシュアリティの知己と交友を深めることを目的にしたゲイバーが数の上では最も多い、と述べている（伏見 二〇一九）。

新宿二丁目という都市空間に集う性的多様性についての内実を明らかにする課題が残る現在、本章では新宿二丁目におけるグローバル化の進展と共に外国籍の人々を含む働き手の経験に焦点を置く。事実、新宿二丁目に集う外国籍の人々や若年層などに焦点を当てた研究がいくつか出始めている。例えばT・ボーディネットは、中国から留学などで日本に移住した二七人の男性を対象にインタビュー調査を行い、日本で描かれるボーイズ・ラブを読み希望に持ちながら訪れた新宿二丁目で、実際には外国人嫌悪などの差別も経験したことに触れている。また、二〇一三年に行った主に二〇代若年層を対象とした参与観察では、当時のポルノスターに象徴されるハードで男らしい身なりや言葉づかいをする極端な男性性（hyper-masculinity）が覇権的な位置を占め、そうではない男性性（女性らしいとされる言葉づかいや身体）が排除される機序を観察した（Baudinette 2021）。まさに、コミュニティには排他性が伴い、牧歌的なイメージとは裏腹に、むしろ徹底的に階層化された競争的な性質がある（ベルサー

二 一九九六）。新宿二丁目も、ポルノグラフィの消費に象徴される個人単位で男らしさを欲望する新自由主義的な主体形成を中心とし、人権の擁護など政治的連帯には及ばない「欲望の体制（Regimes of desire）」が支配的になりつつあると警鐘する（Baudinette 2021 : 2022）。

つまり、一九八〇年代に本格的に始まり一九九〇年代以降様々な問題が表面化した新自由主義「グローバル・シティ東京」（サッセン 二〇〇一＝二〇一八）への変容は、新宿二丁目もその例外ではないのである。本章はグローバル化の側面から新宿二丁目を捉えることを目的とする。多様なジェンダー／セクシュアリティやエスニシティを有する人々が集まる新宿二丁目は、グローバル化との兼ね合いにおいてどのような変化の特徴があり、いかなる可能性を有しているのだろうか。

砂川秀樹は、グローバル化に言及していないものの、二〇〇〇年代中頃に新宿二丁目に生じた変化として、週末多くの人たちが道路にたむろする姿が見られるようになったことを捉えている。それまでは、「二丁目の街角にただずむことは、バーの会話では揶揄されがちな行為」であったが、「最近は通りに人がいっぱい出ていて落ち着かない。昔は（ゲイバーの）なかだけゲイの世界という感じだったけど、いまは境目がなくなっている」という声を紹介し、新宿における「空間の拡大」を捉えている。その象徴的なできごとが、一九九九年に新宿二丁目の中心にある仲通りの交差点に開業したカフェバー「advocates café」（現在 AiiRo Café）の開店だという。具体的には、路上にイスやテーブルを置き営業するカフェスタイルの店が開店し、週末になると立ち飲みする客で通りが人で溢れるようになったという著明な変化を指摘する（砂川 二〇一九：八五―八六）。これまでの多くのバーでは、しばしば扉に「会員専用」と掲げ、暗に同じセクシュアリティを共有するか状況を理解する者のみが入れるという工夫がされていた。それは、クローゼットな居場所としての安全圏を確保してきた智慧と言える。こうした安全だが閉塞的な状況に対し、路上にテラス席を設けるカフェ・バー文化が導入されることによって、セクシュアリティが通りに可視化される都市空間再編成に向けた萌芽が生じたのである。従来の多くのバーが、一般的に「常連」や「紹介」を介した安定した狭いネットワークとしての静態的なコミュニティ構成を特徴とすることと対照的だ。その端緒は、一九九三年に誰でも立ち寄れるショット・バー Arty Farty の開店と推察される。筆者は一九九七年から一九九九年までゲイ雑誌『badi』、一九九九年から二〇〇四年まで同店でのフィールドワーク経験がある。同店は、移転前には週末に「ゲイナイト」が開かれ、その夜は外に長い行列ができるほど通りは賑わっていた。

第二節　クィアネスでつながる音楽実践
――DJとして働く生活史と異種混交的文化

advocates café をオープンした吉田利信は、先述の Arty Farty や、系列店の Zip Bar でも働いていた経験がある。それ以前一九九〇年代はじめには、フリーランス最初の仕事として関わったジュリアナ東京というディスコ文化に携わるなかで、ニューヨークへの出張時に同じセクシュアリティの人が集う「ゲイナイト」を体感したことが大きな転機となった。この経験をきっかけに吉田は日比谷のラジオシティでゲイナイトを開き、男女二元論に基づく異性愛覇権主義的な社会で生きる(1)（性的）マイノリティが抱く苦悩や希望を生きられた経験を重視する音楽（「クィア音楽」と定義する）をかけるクラブ文化を手がけてきた。吉田はゲイナイトの開催やショット・バーでの経験を活かし、advocates café の店内にDJブースとパフォーマンス・ステージを設け、店内でDJが日や時間ごとにテーマを変えた音楽をかけながら、週末にはドラァグクイーン(2)やダンサーによるショータイムのあるゲイナイトを開催した。クィア音楽やパフォーマンスを媒介にオープンカフェ・バー文化を新宿二丁目に導入し、国籍、ジェンダー、セクシュアリティなどの違いにかかわらず様々な人が集うことができる文化的土壌を育んだのである。この意味で、グローバル東京における多様なセクシュアリティを可視化した先駆者の一人といえよう。なお、吉田は、二〇〇二年に新木場の大型イベントスペース ageHa studio coast にて、隔月でゲイナイトを開催し、新宿二丁目のバーやクラブでは入りきれない規模にまで拡大させた。具体的には、二〇二二年の最終回まで最盛期には各回約三千人で賑わうほどに成長させ、新型コロナウイルス感染症の流行までは、アジア最大級のゲイナイトとして、世界各地とりわけアジア諸国から訪れる人で賑わっていた（伏見編 二〇〇五：new TOKYO 二〇二二）。

以上のように、グローバル化の進展を背景に、クィア音楽を媒介とした様々な国籍や人種、ジェンダー／セクシュアリティを有する人が集う文化が興隆し、現在もその最中にある。二〇二〇年から二〇二三年五月までの時期は新型コロナウイルス感染症の流行により停滞や一部の店は閉店を余儀なくされたが、行動制限の解除後、現在はむしろ以前よりも新しい試みや多様性が広がる可能性がある。二〇一二年に開店した AiSOTOPE LOUNGE、Advocates café 閉店後二〇一五年に開店した AiiRo Café、二〇一六年に開店した EAGLE TOKYO、二〇一八年に開店した EAGLE TOKYO BLUE、そして二〇一九年に改装した DRAGON MEN などでは、店に集う人の多様性に応じ、働き手の多様性も広がっている。外国語話者、トランスジェンダー、ノンバイナリー、異性装など多様なジェンダー、セクシュアリティ、言語や文化的背景を有する人が、自分らしく働くことができる職場文化があることで、そこに安心して集うことができる客の多様性も促進される循環を形成し、異種混交的な文化が創生する余地が生じているのである。

本章では、異種混交的な文化の創生を可能とし、同時に都市のオーセンティシティ(3)（ズーキン 二〇一三：六）としての新宿二丁目らしさも構成する文化の担い手としてのDJ二名の生活史に焦点を置く。とりわけ、働くようになった経緯や、店や地域への主体的な関わりに着目し、街の潜在的・顕在的な強みを明らかにし、そこから見える日本社会を逆照射し課題も明らかにしたい。

一　Aさんの生活史①――新宿二丁目でDJとして働く

Aさんは外国籍の両親のもとで日本で生まれ育った。シス男性でバイセクシュアルを自認する。小学生低学年時には、日本人と想起されない名前や外見によりいじめを受けたこともあったが、学年が上がるにつれ、クラスでは「名前かっこいい」となり、中学校の頃は「結構楽しかった」。Aさんによれば、小さい時は自分と違う部分があるといじめの対象となりがちだが、少しずつ「みんな成長するにつれ自分と違うものに興味を持ち始めてきた」ため、むしろ違うことがプラスに働くようになったという。こうした多様性や個性についてAさんが抱いているポジティブな認識は、自身の生活史に根ざしていると考えられる。注意しなければならないのは、いじめは自然になくなったのではなく、Aさん自身が中学生の際に運動系の部活を通し、苦労を重ねながら達成したということである。

　中学の部活がめちゃくちゃ熱心で、［当時は］(4)超太ってて本当に運動音痴だったので、入った当初は超走らされて、周回遅れで一週ごまかしたら先生にチクられて、腕立てさせられるみたいな。そしたら結構絞れてきて、試合出れないのがすごい悔しくて。パパも学校どうだったとかシュート決めたのか？みたいなことを聞かれるようになって。嘘つくのもあれだから練習しようと。

パパも結構うまくて、誰にも絶対負けるなという感じだったので、教えてもらったりして。中三ではスタメン。

Aさん両親の出身国で盛んなスポーツの部活動を自分も行うことを通し、基礎的な体力を身につけ、家では父親から努力を重ねスキルを習得することで、所属する学校社会で卓越した地位を築いた。高校進学後も同じスポーツを続け、キャプテンを任されるほどになった。その際一連の努力を続けることができたのは、当時から歌や音楽が好きであり、仕事にまで結びつくようになっていったことがあるという。現在行っているDJの原点について、次のように語っている。

中学校の頃、歌に興味を持ってて YouTube とかにあげたいなと考えていて。レコーディングをしなくちゃいけないとか、マイクやパソコンを買うみたいなことをして。それからボーカルミックスをしないと音をきれいに出せない、インストとボーカルがきれいにからめないといけないんだっていうのを分かって。そこから、歌と音を自分でミックスするというのをやってて。まず twitter でサンプルを出して無償でやって、［自分の名前の］クレジットを入れて投稿してもらって。一年位経ったら、結構な頻度で有償での依頼が来るようになって、高校二年の頃にはそれで飯を食ってました。

部活の傍ら、好きな音楽で生活費を稼ぐことができるようになった時代的文脈に、初音ミクなどの「ボカロ：ボーカロイド（音声合成技術）」を作る人たちが頻繁に曲を更新するなど、当時は「すぐいろんな曲が出てバズってみたいな時代」があったことを指摘している。Aさんは、ボカロ自体が「別にめっちゃ好きというわけ」ではなく、むしろ「仕事のために聴いて、ミックスするために本当たくさん聴かないといけなくて、出た曲を聴いて」ミックスの仕方を独学で学んでいったのだという。こうして、スポーツと音楽で才能が開花し高校を卒業した後は、都内の大学に進学した。

Aさんは、高校三年生のとき、twitter で知り合ったＤＪをしている男性と付き合い、新宿二丁目に行くようになったという。それ以前は特に好きな音楽のジャンルが定まっていなかったが、付き合っている過程で知り合った友人が新宿二丁目でのいろいろなイベントに連れ出してくれ、「すごいクィアを感じさせるようなイベント」が好きになり、やがて自身もＤＪを行うようになった。現在では、他の友人と月一回程度の頻度で、ゲストＤＪを呼びながらイベントを開いている。流す音楽も自分の思う「クィア感」を出す曲をかけ、新型コロナウイルス感染症以後の新宿二丁目という集まる場所や機会を大事にする。なお、Ａさんが捉えるクィア感とは、「クィア経験が表現された曲」であり、ヴォーグ（Vogue）というクラブ／ストリートダンスや、発祥したボールルームで流れるような曲である。これが二丁目を感じられる曲だという。例えば、具体的に好きなアーティストは River Moon、LSDXOXO などニューヨークやロンドンのアーティストである。なお、Ａさんは新宿二丁目以外でもＤＪを行っているが、「あの人ゲイなのとかバイなのとかレズビアンの方なのとか、そう思われちゃうのかなとか気にすること」もない「二丁目のバイブスのほうが合う」し、落ち着いてプレイができる。また、オープン・バーは知らない人同士でも乾杯するなど、新宿二丁目は「フレンドリーな街」である。Ａさんにとって、この街は「本当に自分の人生を変えた」場所なのだ。ここに「ＬＧＢＴ以外の方たちが来るのはとてもいいこと」だと思う一方で、同時に「秘密にしておいてほしいっていう人は多い」と思うとも述べている。(5) つまり、誰にでも開かれていながらもクィアネスを軸とした居場所や文化的側面も大事にしたいということを述べていると推察される。おそらくこのことが、Aさんにとって一つの新宿二丁目らしさだと考えられる。

二　久保のオートエスノグラフィー——新宿二丁目でのDJ実践

本節では、週末にAさんと一緒にDJとしてイベントを行う久保のオートエスノグラフィ[6]を記す。そもそも文化としての音楽は、本来社会体制に対する抗議活動や批評的な意味合いを持ち合わせている。音楽を共有し、社会的なつながりが促進され一体感や連帯感ももたらされ得る。事実一九六〇年代後半には、アメリカの公民権運動やベトナム戦争に対する反戦運動が日本にも広がり、平和へのメッセージを込めたフォークソングは「プロテストソング」と言われている。また、音楽には表現者の属性や人種、共有する意識などをレペゼン[7]する意味合いも含んでいる。例えば、ブルースというジャンルは、黒人奴隷の間で生まれた悲しみを歌うことで抗議活動や連帯感を培う音楽実践である。また、我々にもなじみある演歌でさえも、元をたどれば自由民権運動のプロテスト的な色彩（演説歌）が由来であるのだ。以下、新宿二丁目のナイトクラブを中心にDJとして活動を重ねてきた筆者の経験をもとに、クィアネスでつながる音楽実践（「クィア実践」とする）の特徴を述べたい。

元々、音楽が好きな筆者久保にとって、数々のネット上にアップされた楽曲のリミックスは心くすぐるものであった。場所の色に合わせて次から次へ途切れることなく音楽を重ねながら繋いでいく実践の場であるナイトクラブは、格別心地の良い空間である。二〇歳の誕生日を迎えた二〇二三年春、初めての舞台は新宿二丁目のナイトクラブであった。当時SNS上で繋がっていたDJとB2B（交互に曲をミックスしていく）という形で出演した。Aとは以前より親交があったが、一緒にDJ活動を開始したことで交友関係を含むコミュニティが拡大し、別のDJとの三人で、定期的にイベントを企画するようになった。三人は、クィア的属性を共有しつつも、筆者を除いた二人は海外にルーツを有し、それぞれ楽曲の解釈角度は異なりながらも、クィアネスという点で共通点がある。ここでいうクィアネスとは、クラブミュージックそのものが持つ意義を認知した上で音楽を発信することで発揮されるものである。すなわち、ダンスミュージック‐ディスコ、ハウスのようなジャンルは、レズビアン、ゲイ、トランスジェンダー、人種的マイノリティのように、社会で抑圧された人々が自己の苦悩や希望を表現し社会に深く関わってきたという文化的な特徴をもつ。

一方、近年そのマイノリティが築き上げてきたクラブミュージックがメインストリーム化している動きもある。例えば、二〇二三年韓国のアイドルグループNewJeansが発表した「ETA」という楽曲は、クラブミュージックをサンプリング[8]しているものであった。この曲には、黒人女性シンガーでLyn Collinsが一九八八年に発表した“Think (about it)”、黒人DJのDebonair Samirが二〇〇五年に発表した[9]“Samir's Theme”のような楽曲がサンプリングされ組み込まれている。換言すれば、“breakbeat”といったクラブミュージックとしてのジャンルが、ポピュラーソングのプロデューサーによってサンプリングされ、新しい曲として再構築されているのである。NewJeansのような楽曲が注目を集め、クラブミュージックにおける覇権的地位を獲得しつつある状況に対し、わたしたちは、黒人や性的マイノリティが築いてきた音楽文化がその土台にあるにもかかわらずその内容に触れず、奏でられる音やリズムだけが市場で消費され、コミュニティに浸透する状況を問題視している。

筆者ら三人が定期的に行う企画は、主に週末新宿二丁目にある某オープン・バーで開催している。別イベントのオーガナイザーとも関わりがあり、音楽的表現だけではなく政治に対するスタンスや、

ＤＪという表現を通じて発信されるクィアネスに共鳴しながら影響を受けている。ＤＪという実践は、社会問題に対するアクティヴィズムでもあるのだ。自分たちを含めた周囲のＤＪやドラァグクイーンたちは、黒人ゲイ文化をはじめとするマイノリティが築き上げてきたものを継承してきた文化に携わっている意識を持ちながら、人種差別や植民地主義、民族浄化に対し声を上げるなど、積極的に行動すべきと感じている。つまり、消費という形で流用する借り物としての文化に向き合い、その文化を築き上げてきた人々や共有されていた思想を尊重し、敬意を払うことは重要なのである。筆者らＤＪ三人での企画や、それぞれが新宿二丁目を飛び越えた他のナイトクラブでイベントに出演する際にも、音楽の背景にある歴史性や文化的特性などの精神的支柱を学びながら、その文化に積極的に触れていくことを心がけている。それがアクティヴィズムの一歩なのである。

ＤＪという仕事や実践それ自体はもちろん楽しい。しかし、単に楽しいだけではなく、ローカルな場所やコミュニティに根ざす一方で、そこから羽ばたき同じ理念で連帯することや、政治的な意見をインフォーマルに交換することができる環境もある。加えて、セクシュアリティのみに依拠しない、社会に対する問題意識を持っているということを通して連帯が可能となる空間で、自分らなりのプロテストを行える環境があることに感謝している。ただし、多様性を謳った事象に対しても、ピンクウォッシング(10)や虐殺に加担していないかどうか考え、その疑いのまなざしを常に向けることも忘れてはならない。このように、問題意識や直接自分たちの思いやアイディアを行動に移すことで徐々に広がるというボトムアップ可能なことが、新宿二丁目が持つ文化の豊かさと懐の深さだと考える。しかもその多様性とは、個人を一色に包摂するのではではなく、それぞれ大事にする多種類の色粒として具現化できる（真木 二〇〇三：二二―二四）。みんな違い粒立って良い、でも何かで連帯できるような一体性を持ち得るだろうという可能態としての都市文化が新宿二丁目にあり、性的多様性それ自体は目標ではなく、むしろ共同性を育むための前提条件となるのではないだろうか。

三　覇権的男性性をクィアする音楽実践

ナイトクラブは、人を選ばず音楽というコモンズ（共通財）を提供できる場所である。同時に、それが置かれている場所性など、ローカルな文化が反映され他と差異化されている。そのため、新宿二丁目でのコミュニティ内における音楽の消費様式は、渋谷や原宿、歌舞伎町など近郊の繁華街とは異なっている。本章の冒頭で指摘したように、新宿二丁目は歴史的な文脈では性的な関係性を主軸に街が形成されながらも、様々な親密圏の形成が認められる。こうした多層的な親密圏は、新宿二丁目におけるの過ごし方や音楽の消費様式やナイトクラブの振る舞いなど、ハビトゥスとして身体へ細部にわたり影響を与えている。具体的に言えば、新宿二丁目で催されるクラブイベントは、性的な出会いにつながる意味合いを含みつつ、異なる目的で楽しみにやってくる人々も受け入れ、多様な楽しみ方に開かれているということである。例えば、特定のDJやイベントでかかる音楽が好きという理由、ドラァグクイーンやGOGOのパフォーマンスが見たい、あるいは友達に誘われてというように。端的に言えば、同じ音楽やナイトクラブという場所を含めたイベントを楽しむ同好が集まることによって、そこで醸成される一体感を通して築かれる、親密な関係性が創起し得るのである。

繰り返しになるが、新宿二丁目はグローバル化の進展に伴い多様な国籍やセクシュアリティを有する人々が交流する都市空間である。ただし先述のボーディネットが指摘したように、新宿二丁目ではシス・ゲイ男性が覇権的な地位を占め、かつトランスフォビアやミソジニーも残存している（Baudinette 2021）ことを筆者も時折感じる機会がある。むしろ異性愛中心社会よりも、さらにシス・ゲイ男性を神格化し、ある種型にはまる価値観が根深いのかもしれない。例えば、外見では、短く刈られた髪型に筋肉質な体型、典型的なファッションといった型がある。こうした価値観に基づくルッキズムはつながりを阻害し、公的な問題を私的に解決しようとすることで満足し、公的な問題が矮小化され放置されるなど、連帯に及ばない要因の一つとなっていると考えられる。しかし、ミクロな空間編成を見ると決してそうではない。実際、筆者はＤＪを通して、このような極端な男性性（hyper-masculinity）優位性にあえて逆行する形で、クィアネスを提示している。そこではボーディネットが見落とした、あるいは調査が行われた二〇一〇年代前半にはなかった形での、極端な男性性とは異なる文化が創生するような空間の萌芽が生じている。以下具体的な様相を説明しよう。

先述のように、そもそもクィアという言葉自体「奇妙な」といった同性愛者に対する侮蔑語であったものであったが、逆に戦略的に自分たちのことをクィアと呼ぶことで連帯し、権利を主張してきた歴史がある。例えば "ballroom culture"(11)のようなクィアを表象する文化を借りること、cunt や serve、slay などのようなクィアのニュアンスを持つキーワードを共通言語として使用すること、当事者による作品を流すことは、次に説明するクィアネスを体現しつつ、異性愛主義やトランスフォビアに対して強く反対する姿勢を見せることでもある。新宿二丁目に根づく覇権的男性性が優位にあるルッキズムに対しプロテストを行っているのである。あえて女性性を強調したような口調や仕草を行うことや、ドラァグクイーンとしてパフォーマンスする際に、逆に髭や胸毛を強調することといった行為は、自分の特徴を型にはめようと抑制するのではなく、一部の自分らしさをあえて強調することで、個人をカテゴリー化し分断する境界線を越境し、壁を壊そうとする姿勢を感じ取ることができる。

以上の文脈においてクィアネスとは、外見や様相にかかわらず人権に対する意識を尊重し、一人一人の生き方を尊ぶ姿勢を表す感受性であり実践である。自分の属性や所属に関係なく、その言葉自体に対するスタンスが応答となる。クィアというキャラクターは存在しておらず、自分自身がクィアという認識が無くとも、人それぞれの生き方が人の数だけ存在するのだ。その中でも、音楽表現や“voguing”[12]などクィアな実践が存在し、自身の生き方やセクシュアリティを表現できる文化として結実することが可能となるのではないだろうか。さらに、その voguing というダンスの一ジャンルを軸として、セクシュアリティや人種を問わない多様な人が参加するダンスバトルを行うイベントも開催されている。見知らぬ人であっても掛け声や合いの手をかける慣習も存在し、勝敗だけではなく一人一人を尊重し合う居場所としての意味を有している。

新宿二丁目では、現在 voguing コミュニティが形成されている。差別や偏見にさらされた性的マイノリティだけではなく、その文化に関心のある幅広い人々の居場所、すなわち、誰もおいていかないコミュニティの形成を目指していると言える。例えば、ＤＪコミュニティでは、「音楽が好き」という気持ち、マイノリティや社会に対する考え方を共有できることで結束していると感じる。それは職業やセクシュアリティで線引きをするものではなく、多様な人々と関わり合うものである。

よく思い出すドラァグクイーンの言葉に「二丁目から金は取れないよ、ウチらは」というものがある。おそらく新宿二丁目という場所では、「稼ぐ」ということを第一優先に置くべきではないという意味であろう。この言葉は「新宿二丁目」が単なる消費を行う新自由主義的な空間編成にとどまらない、ということを示唆している。新宿二丁目で活動するということには、場を楽しませたり盛り上げることといった役割はもちろん、単なる商売ではない、客と演者との境目がはっきりしない互酬性があるのである。それが連帯感や帰属感を醸成することにつながるのではないだろうか。

第三節　日本（人）が怖い――新宿二丁目の外を生きる困難

一　Aさんの生活史②――剝き出しの生

以上、Aさんや久保にとって新宿二丁目が安全な街であるのとは対照的に、その構成的外部としてAさんが生まれ育った地域も含め、Aさんが小さい頃から感じてきたことは、「日本（人）が怖い」であった。また、成人になってからも「失礼だよね」ということに日々遭遇するという。例えば、しばしば警察の職務質問を受け、そのたびに疲れ悲しくなる。また、一家のビザを更新するために訪れる入国管理局でも、毎回「態度が悪く」「タメ口」で「普通に下にみてる」と感じる。さらに、おそらく「見た目が外国人」という理由で、銀行やコンビニ、役所などでの対応が雑で、日常生活の至る所で嫌な思いをしてきた。また、日常生活上での対人的な場面だけでなく、根幹的に制度的に嫌なことを感じさせる建て付けになっているという。例えば、小さい頃からAさんは両親のビザの更新に付き添い、中学生の頃からは漢字の不慣れな親の分まで申請書を書いてきた。その申請書には「日本に滞在したい理由」を記入する欄がある。この欄を書かされるたびに、なぜ日本で生まれたにもかかわらずそのようなことを聞かれなければならないのだろう、という気持ちになる。

つい先日も、アルバイトの面接を受けた際にビザの更新について聞かれた。しかし現在大学を休学していることもあり、ビザの更新を心配に感じている。というのも、もし更新できなければ、数回程度しか訪れたことがなく、一度も住んだこともない両親の出身国に移動を余儀なくされるからである。

さらに、もし日本で働くことができたとしても労働時間に制限があり、Ａさんからは「海外から日本に来て働こうとしてる人をずっと最下層にいさせるような法律」とうつる。加えて何度も更新しながらも永住権が得られないこれまでの状況と照らし合わせると、「税金は払わされるけど年金はもらえるかどうかもわからない」不安定な状況が今後も続くこととなる。さらに、長年にわたり入管施設での暴行が繰り返され、病気に対する適切な治療を受けられないなど訴えが相次いでいることに恐怖を感じている。ＸなどのＳＮＳでも、一連の人権侵害を支持するようなヘイトも後を経たない。

このように、日本の労働政策は、外国籍の人々を、少子高齢化で不足する一時的で代替可能な労働力としてのみ利用する。その一方で、日本での滞在と労働を制限することにより、特定の人口（特に技能実習生）を活用しながら、同時に廃棄する。まさしく、人口や生の管理としての「生権力」（Negri & Hardt 2004=2005）の典型である。こうした法と暴力に晒されながら生きざるを得ないベンヤミンの「たんなる生」（das bloße Leben）あるいはアガンベンの「剝き出しの生」（la nuda vita）へと遺棄する国家が特定の人々の生命に介入あるいは保護を怠る生権力は、確かに対象となる外国籍の人々の日本での滞在を一時的なものにする。だが同時に、論理的には、逆に軽んじられた当の人々から、日本それ自体が廃棄やヘイトの対象となる帰結に至るような制度的再帰性を有している。だがこのことは指摘されることは稀だ。Ａさんは親から「日本人には気をつけて」や「日本人怖いから」などと言われてきたが、幼い頃には何を意味するか分からなかったという。だが、Ａさんも親が受けた同様の経験を幼少期から積み重ねることで、「親がなんであんなに日本を嫌ってるのかなっていうのは今理解できる」と述べている。今回の調査では、セクシュアリティという面から調査協力者を募ったためプライバシー保護の観点から両親を対象にはしておらず、両親が日本を嫌う理由は不明である。少なくとも、長年にわたる日本での生活における経験の一つ一つの積み重ねという意味で、全体論的な視点と捉えることはできよう。

以上のように、多様な人々がその人自身が有する文化的あるいは個人の強みを仕事として発揮できる新宿二丁目のような都市空間とは対照的に、一般的に日本で暮らす外国籍の人々が働くことをめぐる労働政策は構造的な問題点を抱えており、その悪影響は社会の周縁に置かれた者にとって日常生活のあらゆる場面で不協和を及ぼしている。「日本（人）が怖い」という不可視化された社会問題は、今後より詳細かつ人々の経験に根ざした社会学的研究とし展開される必要があるだろう。

二　都市をクィアする――交差性と生政治

Aさんは、自身は技能実習生ではないものの、外国籍を有する人々の入国管理下にあるという意味で、共通点を有している。まさに入国管理局で扱われるリアリティを経験するがゆえに、技能実習生をめぐる生権力上の問題に大きな関心を寄せ、次のように述べている。

［技能実習生という制度を通じて］都合のいいところだけ働かせるけど、賃金、給料少なかったりとか永住権もらえないとか、ビザが切れたらすぐ帰らされちゃうとかっていうのってすごい都合がいいいと思う。もちろん仕事をしてもらうほうとするほうでは公平でないといけないと思うので、良くなるためには「リスペクト」が大事だなって思います、何事も。それで働きやすい環境にして、生活しやすい環境をつくるっていうのが大事なのかなって。すごい表面だけじゃないですか。日本が暮らしやすいとかきれいとか。（略）日本人だけじゃなくて移住してくる人、海外から日

本に来る人も暮らしやすい国になったらいいと思いますね。

二〇二三年の出入国管理及び難民認定法の改正法案をめぐる問題に対し、AさんはSNS上や現実空間でデモを行い、パレードではDJを務めるなど積極的に社会運動に参加してきた。ここで重要なのは、デモなど社会運動を通じた一つ一つの個別の問題に対する集合的な声をあげ積極的に関わることはもちろん、同時に日本社会全体に対するメッセージとして相互「リスペクト」の必要性を訴えている点にある。ここでいうリスペクトとは、Aさんや両親がこれまで経験してきたミクロな日常的な場面からマクロな社会制度まであらゆる位相に及ぶ、同じ人間という基本的な人権の尊重についての互恵的な考え方と実践を協働的に探求する必要性だと考えられる。そしてこのメッセージは、これまでAさんが日常生活上の苦労の経験をもとに、新宿二丁目で多種多様な人とともに働きながら異種混交的な文化創生を目指す協働からたどり着いたと推察される。外国籍でバイセクシュアルという交差的な地点に立つAさんのアイデンティティと、一連のクィアネスを起点とするアイデンシティを超えた連帯に創造的に関わってきたポジティヴな経験は、他の様々な苦悩の経験を共感的に理解する感受性の基礎となる。具体的には、音楽を通して多様な人々が連帯の道を探る結節点を共同で創ることを可能とするような、文化実践的な力を有する可能性を秘めているのである。まさしく、「社会に内在し、労働の協働的形態を通してさまざまな社会的関係や社会的形態を創出する」生政治的な生産（Negri & Hardt 二〇〇四＝二〇〇五：一六七）の可能性が現実にあると言える。

第四節　多様な人々が生き生きと働くことができる「生きられる都市」に向けて

本書では、各章において、いかに日本社会が社会的問題を個人の問題に帰着させ、労働者の連帯を阻害してきたのかを考察してきた。その中で、前章では労働者の連帯を通じて社会問題の解決を目指す具体的な姿が明らかにされた。ここでの労働者は正規労働が前提あるいは中心に置かれていた。一方、本章では当の社会問題の渦中に置かれた脆弱な立場に置かれている労働者との連帯が創造的文化の創生に至る過程を発見した。

ここまで、新宿二丁目でDJとして働くAさんの生活史と久保のオートエスノグラフィという「個人の社会学的研究」(佐藤 二〇一一：一四二)から、多様なジェンダー／セクシュアリティを有する人が集う都市空間で働くことを通し、どのような文化が共創されているのか、日本社会がいかなる特徴を有するかを捉えてきた。町村敬志によれば、都市は機能を実現する手段であると同時に、夢や理想が試される舞台、すなわちモノであると同時にヒトでもある。ゆえに、都市は社会が多様な作動主体(agency)の実践を介して自らを提示してゆく「歴史的全体性の具体的な表現」として、固有な歴史性を伴いながら姿を表す(町村 二〇二〇)。本章では、これまでの研究が、新宿二丁目に係る史資料やゲイ・バーのオーナーなど、日本国籍を有する人々を中心とする歴史社会学研究あるいは人類学的研究に偏ってきたために、近年のグローバリゼーションに伴う変化や外国籍を有する人々の経験を十分に捉えることができなかったことを問題化した。そのうえで、グローバル・シティ東京という観点から見落とされやすい、新宿二丁目などローカルの固有な歴史的文脈や文化を有すると同時にグローバル化の影響を受ける都市のオーセンティシティをめぐる人々の創造的な関わりに着目した。従来の研究が主な対象としてきた、数の上では最も多い比較的クローズドなゲイ・バーに対し、グローバル化に伴う一九九〇年代に登場し現在まで増え続けている、誰でも立ち寄れるオープン・カフェやバーの興隆現象の働き手に焦点を当てた。そこでは、外国語話者、トランスジェンダーやノンバイナリー、異性装など多様なジェンダー、セクシュアリティ、言語や文化を有する人が、自分らしさを強みとして働くことを通して産まれる文化創生の一端を捉えてきた。

具体的には、第一に定期的にＤＪとして働いている日本生まれで外国籍を有するＡさんの生活史を通し、新宿二丁目で働くに至るまでの経緯や、店や地域への主体的な関わりに着目した。Ａさんは、幼少期は「外国人」として見えることで「周囲と同じではない」という意味でいじめを受けていた。しかし成長するにつれ、逆に「個性」とみなされると同時に両親の母国でのスポーツ技術や能力、すなわち文化資本をＡさん自身が身につけることによって、むしろ同質化した集団における卓越・差異化（Bourdieu 1979=2020）された強みをもつ存在とみなされ、リーダーシップを発揮するに至った。また、独学で身につけた音楽、そして音楽を通して稼ぐ知識や技術も、地域を超えＳＮＳを通して同じ関心やより高いスキルをもつ人たちとのネットワークを築くきっかけとなり、のちに新宿二丁目でＤＪとして仕事を得て活躍するための礎となった。新宿二丁目で働くようになってからは、久保ともう一人の仲間と共に、様々な人と協働で音楽を通し、多様な人々が安心して集い楽しむことができる文化の共創を目指してきた。第二に、久保のオートエスノグラフィからは、新宿二丁目に蔓延る覇権的男性性を頂点とするルッキズムに対抗する形で、異性愛中心主義だけでなく、新宿二丁目の内側に形成されてきた性の階層性に対し、オープンなカフェ・バーにて音楽を通じたクィアネスでつながり楽しむことができるコモンズの創出を通して、様々な人が楽しむことができる文化の萌芽が明らかとなった。以上は、先行研究にはない新たな発見である。

第三に、先行研究で見落とされてきた、新宿二丁目を起点とした社会に働きかけるアクティヴィズムの具体的な展開にも焦点を置いた。外国籍を有する人への出入国管理及び難民認定に係る法的問題や、日常生活のミクロな次元から制度的でマクロに影響が及ぶあらゆる位相に及ぶ差別・偏見などに気づき、変えようと勇気をもち行動に移すことのできるリーダーシップを発揮する文化の境界の架け橋、もしくは変革を及ぼすトリックスターが登場するような文化的可能性を秘めている。

最後に、本章では、様々な差別や偏見の混交性を経験的に捉えた生活史の視点から、都市が多様な作動主体（agency）の実践から豊かな文化を創造できる、否、現に創造されているというリアリティを捉えることで、生きられた都市として自らを提示する新宿二丁目らしさを明らかにしてきた。本研究で明らかにしてきたことは、差別・偏見や制度上の構造的暴力に傷つけられた主体が、まさにその傷を通じ、クィアネスでつながる音楽という人々の苦悩や希望から創造されたコモンズを通して、欲望の体制（regimes of Desire）としての新自由主義的形態に留まらない、連帯の政治が生起することを例示したことである。そしてそのような生起を可能とする都市の具体的な場の重要性を示した。本章では、新宿二丁目は主にアルコールという物質を媒介とするナイト・エコノミーを中心として構成されるため、依存症など実際に働く人々の心身の健康への影響や、昼夜逆転の労働と生活実態の具体的な調査には及んでいない。これらの点については今後の課題としたい。

付記　本章はＪＳＰＳ科研費二三Ｋ一二六二四による研究成果の一部をまとめたものである。

謝辞　質的社会学研究会にて報告を行いフィードバックを頂いた。皆様に感謝申し上げます。

〈注〉

（1）本章では、異性的でないとされる人々の経験や存在を暫定的に「クィア」と呼び、強制的異性愛や男女二元論から排除される多くの人たちによる連帯を可能とするアクティヴィズムに向けた主体形成を可能とする戦略的概念と位置づける。クィアはもともと「奇妙な」「変態な」という侮蔑語であったものを、逆にその意味をもたらす社会的な条件や構造を問う。同時に、集団間や個人間に存在する差異や不平等にも注意する。以上の包括的な概念を「クィアネス」と本章では表現し、クィアネスでつながる音楽という意味で、「クィア音楽」と表現する。クィアという概念や実践の持つ複数の意味と歴史性については、例えば菊池夏野・堀江有里・飯野由里子編（二〇一九）『クィア・スタディーズをひらく1――アイデンティティ、コミュニティ、スペース』晃洋書房を参照されたい。

（2）派手な衣装や化粧、大袈裟な仕草などで「女性性」をパロディ化したパフォーマンスを行う演者のことを指す。起源は、古代ギリシャやローマの演劇まで遡る説、一九世紀の英国ヴィクトリア朝での劇場で活動していたパフォーマーの一人が自身の異性装に身を包んだ自身の演技を「ドラァグ」と称していたと指摘する説など諸説ある。J・バトラーは、ドラァグクィーンによるパフォーマンスを、社会的に構築されたジェンダー規範を反復により撹乱する一つのパロディの政治として考察した（J・バトラー（一九九九）『ジェンダー・トラブル――フェミニズムとアイデンティティの撹乱』青土社）。

（3）一般的には「ほんもの」と訳され、都市の歴史性や文化が物質や空間に「誠実」に現われておりそれを感受できることと本章では定義する。つまり、新宿二丁目が性の多様性を特徴とする歴史性や物質的空間的な実質を備えているものと人々に予期・期待されているのであれば、実際にそこに新しく集う人たちも実感し一致するということである。ズーキンは、このことを「由来（origin）」と「新しいはじまり（new beginning）」の間の「緊張関係」と表現する（ズーキン 二〇一三：四）。ライオネル・トリリング（一九九八）『誠実とほんもの――近代自我の確立と崩壊』法政大学出版局やチャールズ・テイラー（二〇二三）『〈ほんもの〉という倫理――近代とその不安』筑摩書房なども参照のこと。

（4）［ ］は著者による補足である。以下同様。

（5）注1参照のこと。

（6）以下は久保優翔による記述を基に、大島がまとめた。T・E・アダムスらによれば、オートエスノグラフィとは「文化的な信念、実践、経験を記述し、批判するのに、研究者自身の個人的な経験を用いる」、「研究者の他者との関係を認識し、尊重する」、「自己と社会、特殊と一般、個人的と政治的といったものの交差を名づけ、問い質すため、深く注意深い自己省察――一般的に『再帰性（reflexivity）』と言われる――を用いる」、「『何をすべきか、どう生きるべきかを葛藤し、その意味を見出す過程にある人びと』を示す」、知的で方法論的な厳密さ、感情、そして創造性を均衡させる」、「社会的な正義を追求し、より良い人生の実現のために努める」と定義される（アダムス・ジョーンズ・エリス（二〇二二）『オートエスノグラフィ――質的研究を再考し、表現するための実践ガイド』新曜社）。

（7）Representation（表象・代表）が、日本のヒップホップシーンで和製英語化した。例えば、MCによるアーティスト紹介時に「レペゼン東京」と言った場合には「東京を代表する」を意味する。

（8）Sampling（サンプリング）：過去の楽曲や音源の一部を再構築することで楽曲製作に応用する表現技法のこと。

（9）Breakbeats（ブレイクビーツ）：音楽ジャンルの一つ。ドラム演奏のフレーズをドラムループとして利用したり、分解し組み立て直すことで制作された楽曲。ジャマイカ出身のDJ、Kool Hercによって一九七〇年代に生み出されたと言われている。

（10）国や自治体や企業などが性的マイノリティへの寛容性を打ち出すことで、他のマイノリティへの不寛容を覆い隠す、あるいは性的マイノリティを含む実際に生じている排除などの問題を隠蔽する広報戦術としての印象操作を意味する（S. Schulman（2021）*Israel/Palestine and the Queer International,* Durham: Duke University

Press.)。

（11）一九六〇年代、アフリカ系、ラテン系アメリカ人性的マイノリティのコミュニティ内で開催された ball（ボール）というダンスパーティーに由来する文化の総称。その音楽“ballroom music”に乗せて手首を回したり開脚する、しなやかなダンスのジャンル“voguing”（ヴォーギング）も生まれた。

（12）注11を参照。

〈文献〉

佐藤建二（二〇一一）『社会調査史のリテラシー――方法を読む社会学的想像力』新曜社。

砂川秀樹（二〇一五）『新宿二丁目の文化人類学――ゲイ・コミュニティから都市をまなざす』太郎次郎社エディタス。

伏見憲明（二〇一九）『新宿二丁目』新潮社。

――――（二〇〇九）「スピーチ「先人たちの思いに寄せて」」ポット出版ホームページ https://www.pot.co.jp/fushimi/スピーチ「先人たちの思いに寄せて」.html（二〇二三年一二月二七日閲覧）。

伏見憲明編（二〇〇五）『クィア・ジャパン・リターンズ vol.0』ポット出版。

真木悠介（二〇〇三）『気流の鳴る音――交響するコミューン』筑摩書房（ちくま学芸文庫）。

町村敬志（二〇二〇）『都市に聴け――アーバン・スタディーズから読み解く東京』有斐閣。

Adams, T. E., S. H. Jones & C. Ellis（2015）*Autoethnography*, Oxford: Oxford University Press（アダムス・ジョーンズ・エリス『オートエスノグラフィ――質的研究を再考し、表現するための実践ガイド』松澤和正・佐藤美保訳、新曜社、二〇二二年）.

Baudinette, T.（2021）*Regimes of desire : young gay men, media, and masculinity in Tokyo*, Ann Arbor: University of Michigan Press.

――――（2022）“BL as a ‘resource of hope’ among Chinese gay men in Japan,” Welker, J. ed., *Queer transfigu-*

rations : Boys Love media in Asia, Honolulu: University of Hawaii Press.

Bersani, L., 1988, "Is the Rectum a Grave ?," D. Crimp ed., *AIDS : Cultural analysis/Cultural Activism.* The MIT Press（L・ベルサーニ「直腸は墓場か?」『批評空間』II-8、酒井隆史訳、太田出版、一九九六年）.

Bourdieu P.（1979）*La Distinction : Critique sociale du jugement,* Paris: Les Éditions de Minuit.（P・ブルデュー『ディスタンクシオン——社会的判断力批判〈普及版〉Ⅰ・Ⅱ』石井洋二郎訳、藤原書店、二〇二〇年）.

Negri, A., & M. Hardt（2004）*Multitude : War and Democracy in the Age of Empire,* New York: Penguin Books（A・ネグリ&M・ハート『マルチチュード 上・下——〈帝国〉時代の戦争と民主主義』幾島幸子訳、NHK出版、二〇〇五年）.

new TOKYO（二〇二二）「【GLITTER BALL】ageHa 最後のゲイナイトが開催！プロモーター・吉田利信氏が築いた Shangri-La の軌跡」new TOKYO ホームページ https://the-new-tokyo.com/glitter-ball-history/（二〇二三年一二月二七日閲覧）。

Plummer, K.（1994）*Telling Sexual Stories : Power, Change and Social Worlds,* London: Routledge（K・プラマー『セクシュアル・ストーリーの時代——語りのポリティクス』桜井厚・好井裕明・小林多寿子訳、新曜社、一九九八年）.

Sassen, S.（2001）*The Global City : New York, London, Tokyo,* New Jersey: Princeton University Press（S・サッセン『グローバル・シティ——ニューヨーク・ロンドン・東京から世界を読む』伊豫谷登士翁・大井由紀・髙橋華生子訳、筑摩書房、二〇一八年）.

Zukin S.（2010）*Naked City : The Death and Life of Authentic Urban Places,* New York: Oxford University Press（S・ズーキン『都市はなぜ魂を失ったか——ジェイコブズ後のニューヨーク論』内田奈芳美・真野洋介訳、講談社、二〇一三年）.

（大島　岳・久保優翔）

終章

「労働環境の不協和音」を生きるには

――「生活」が極限まで切り詰められた「労働」から〈生きるために働く〉ことの復権へ

本書は、社会政策の包摂する領域である「労働と生活」をキーワードに、ジェンダーの視点から議論を積み重ねてきた。ここでは、各章で得られた〈生きるために働く〉ことについて知見を概観していきたい。

第一章・第二章で論じてきたのは、労働力の再生産に関する課題である。第一章で五十嵐は、日本のポピュラー・カルチャー、特に少女・女性マンガに描かれる働く三〇代の女性の表象をポスト・フェミニズムの視点から分析することによって、労働力の再生産について検討した。アンジェラ・マクロビーの〈完璧であること―欠点もあること―レジリエンス〉のメカニズムの視点に立つと、『私の家政夫ナギサさん』も『わたしのお嫁くん』も、家事が苦手という〈欠点〉を、家事に専念する「王子様」を獲得することによって解決し、「男並み」に働くことにキャリア女性を駆り出すストーリーがみえる。

これは、ポピュラー・カルチャーが、常に時代を先鋭的に投影する一例であり、二章以降で論じる労働領域において、労働力を十分な栄養や休息によって日々回復させる「労働力の再生産」、さらには、その延長にある子どもを育てる「世代間の再生産」を前提とせずに成立していることや、生活保障が最小限に切り詰められてきた過程の表出ともいえる。

このような第一章が描いた世界を、歴史的事例から明らかにしたのが第二章の堀川である。堀川は、「生理休暇」を事例に、労働者の健康問題を考察した。特に、生理休暇の歴史において大きな区切りとなった男女雇用機会均等法の制定時に着目し、「保護」と「平等」の議論において、「保護」の一つとして生理休暇が挙げられ、「平等」を手に入れるために、女性労働者が生理休暇を手放さざるを得なかった経緯を、当時の論者たちの議論を整理することで示した。

こうした男女雇用機会均等法制定時の「保護」と「平等」の考え方は、まさに、第一章で描き出したキャリア上の「平等」を手に入れるために、「男並み」に働くことに総合職女性を駆り出すメカニズムと同じである。

そのうえで、第二章では、当時はジェンダー研究の発展段階にあり、ジェンダーとセクシュアリティの概念の切り分けが明確ではなく、生殖に関する保護は「母性保護」と名付けられ、女性だけが対象であった点を指摘する。だが、現代日本において、セクシュアル・リプロダクティブ・ヘルス／ライツは女性だけに認められた権利ではなくなっている。今後、生理休暇は、労働者の健康と安全を保障するための保護として、ジェンダーにかかわらず、すべての労働者に適用される新たな措置へと位置づけ直す必要があると主張した。

労働力の再生産のために十分な労働環境を求めても、それが脅かされる場合、労働者は使用者に抵抗するために労働組合を結成し、労働運動によって使用者（経営者）に対峙する。そこで、第三章・鈴木は労働災害や職業病に改善を求める労働組合の実践を考察する。第三章で取り上げた関門港（北九州と下関の間の港湾）の港湾荷役労働者は、全国の主要港湾に比べて女性就労者数が多く、男性と同じように重筋労働かつ危険労働に従事しているという特異性がある。まさに、第一章・第二章で描かれた女性が「男並み」に働き「平等」を手に入れる極限状態を体現した労働空間であるといえる。こうした男女平等の特徴をもつ港湾の日雇労働者にとっては、作業班長に覚えを良くしてもらうためにも、荷役中のケガについて不満を漏らさないことが就労機会の獲得にとって必要であった。

こうした労使関係も影響し、一九六六年の港湾労働法と機械化により関門港から、女性日雇港湾労働者は排除されていった。集団的労使交渉が定着しておらず、身体の頑強さがありケガを我慢できる者が熟練者としてみなされる職場においては、労働者の権利を使用者と交渉する回路を形成することは難しいといえる。

第一章や第二章、第三章は、労働問題を解決するどころか、労働者自身が抵抗すること自体を無化してきた歴史像を明らかにしてきた。一方、労働問題の解決に寄与するはずの国家の社会政策は、日本の場合、どのように構想されたのだろうか。第四章の新川は、「健康」を軸に、社会政策の萌芽期の事例を検討した。具体的には、産業福利協会、農商務省・内務省等の調査資料、同潤啓成社が発行した資料等を用いて、工場内災害の実態をジェンダーの視点から検討し、工場法成立期とそれ以降の時期の変容を浮かび上がらせた。

本研究の中心となる健康保険法は、あくまでも一時的な労働能力の喪失に対する保護を眼目としていたが、第一次世界大戦後の工業化の進展に伴い、工場内災害で負傷する労働者数が増加傾向にあるなかで、内務官僚は、国際社会の動向を踏まえながら、工場内災害で負傷した労働者を「産業癈兵」と呼称し、「再教育」の方途を整えるかたちで包摂しようとした。だが、この施策は、あくまでも、工場内災害で負傷した労働者が、再び「社会の役に立つ」ための「自立」策に過ぎないことが解明された。

けれども、健康問題へ対応する専門職の処遇に着目すると、男性の健康問題の解決は重要視され、女性の健康問題は二の次にされたとみることができる。その背景には、女性を「補助労働力」と位置づけるジェンダー秩序が影響しているものと考えられる。さらに、男性の健康問題に対する迅速な対応の根底に、障害を抱え働くことができなくなることへの危惧が存在したと仮定するならば、男性は労働することが当たり前であり、労働できない状態を避けなければならないという社会通念が影響したということもできる。

こうした社会政策の前提、さらには、労働者自身が労働組合によって連帯し、使用者に抵抗することを無化してきた歴史の上に、労働力の再生産のために十分な労働環境は脅かされている。さらに、労働者本人の労働力の再生産に加えて、世代間の再生産も社会全体の労働力の再生産においては見逃すことができない。そこで必要になるのは世代間の再生産をも可能にする政策である。

第五章の清水・跡部は、観光業、とりわけ宿泊業に従事する子育て中の女性の労働と世代間の再生産を焦点化し、日本の温泉地で簡易宿所（ゲストハウス）を営む女性を事例に、妊娠・出産時の状況と周囲のサポートを分析した。ここで取り上げた女性は、家族の存在によって、現在居住する対象地域Qへの移住を決定していた。そのため、第五章で見られた困難は、妊娠・出産と、移住、すなわち、起業の時期が重なったことによる経済的不安、および、サポート体制の確保の難しさであった。ゲストハウスは自営業や家族経営の場合が多いが、自営業の場合は、経営上の負債と妊娠による身体の負担を一度に抱えることとなることが推察できる。また、調査事例のように、夫の経営する企業に雇われていた場合でも、その妻は雇用関係とみなされず、社会保障制度の外に置かれてしまう問題があった。

育児のなかで具体的に利用したサポートは義母・実母あるいは行政のサポートが主だったが、地域の商店街仲間との間に形成された疑似的家族によって、妊娠期を支えてらもう側面も見受けられた。一方、凝集性の高い地域社会に参入するなかでの戸惑いも見受けられた。観光開発や運営において女性が意志決定に参画する障壁は、地域では開発にかかる意思決定機関や組織が男性中心の構成員であり、個人ではなく家を単位とする構成組織であることも影響している。さらに、ゲストハウスという職住不分離の働き方は、家事労働の延長線上に対人サービス労働が加わる形態をとるため、過剰労働につながりやすいことがここでも明らかになった。

第六章の跡部は、世代間の再生産に関わる「ケア労働」を有償労働にまで広げることによって、ひとの世話をする仕事は、なぜ、日本で低賃金なのかを検討した。第六章では、「家族賃金」を中心的な分析概念に据え、戦後日本において、ケア労働がどのようなかたちで保障されてきたのかを検討した。

日本の社会体制の中では、ケア労働の対価として賃金が支払われるのではなく、「家族賃金」を媒介に、「男性稼ぎ手」からケア労働の賃金が支払われたり、「第三号年金」というかたちで年金が支給されたり、社会保障の負担がないまま社会保障の恩恵にあずかれるようなかたちが取られてきた。けれども、ケア労働に対して、直接、金銭的対価を払うという価値規範への転換がはかられないまま、既婚女性が働くと、子を育てながら男性と対等に自らのキャリアを形成していく女性と、低賃金でキャリア女性の家事・育児を代替する女性という二極化が起こる。

今後の日本社会で女性のキャリア形成を後押ししていくには、家事・育児を代替する者が、その稼ぎだけで生活していける制度的保障が必要となってくる。また、労働者自身の「時間確保型社会化」という考え方もある。第二章で述べたように、日本は雇用機会均等法によって、女子保護規定が撤廃され、性別にかかわらず、働く限りは、長時間労働を担うことが前提とされる社会へと転換していった。「主婦化」以降、女性が過剰に担ってきたケアを外部化する方向性が必要であるが、それだけでなく、長時間労働を是正し、労働者自身が家族のケアを担う時間を保障する視点も欠かせないのである。

〈生きるために働く〉労働者たちの生活原則である自助原則を修正するためには、先述したように、社会政策の両輪である生活分野の社会保障・社会福祉が必要とされる。この生活分野の社会保障・社会福祉にも、それを担う労働者がいる。そこで第七章の岡・跡部は、福祉分野の中でも特に社会的養護で働く職員のキャリア形成に焦点を置き、児童養護施設や乳児院の施設長を経験してきたA氏へのインタビューから、社会政策に不備がある中で、現場の経営でどのように職員のキャリアを確保できるのかを考察した。

女性が多く、職場に定着をしない特徴がある児童養護施設や乳児院で施設長をしてきたA氏の実践は、第一にピラミッド型の組織を廃して全職員の共通方針を紡ぎ出す組織構造を構築することと、第二に制度を適切に活用することによって多様な働き方を実現することにあった。措置費基準に従えば、設備運営基準上の人員配置基準以上の人数の職員や、多様な専門職を配置することができ、二四時間シフト勤務以外の事業を創設して、九時から一七時の間で働くことも可能になる。こうした働き方の多様性を実現する基盤に必要なのは、ピラミッド型の組織を廃して全職員の共通方針を紡ぎ出す組織構造を構築することである。

こうしたA氏の実践は、社会政策の両輪である生活分野の社会保障・社会福祉で働く労働者の実態に迫り、生活分野を支える労働者が、自分自身の「労働と生活」を両立できるような独自の政策をうみ出さなければ、社会政策の基盤が揺らぎうることを示している。

第八章の大島・久保は、ジェンダーや脆弱性の問題を、性の多様性を象徴する都市空間「新宿二丁目」を事例に考察した。新宿二丁目は、グローバリゼーションの進展を背景に、二〇〇〇年代中頃に、クィア音楽を媒介とした様々な国籍や人種、ジェンダー／セクシュアリティを有する人が集う文化が興隆した。第八章では、こうした文化の担い手であり、かつ、外国籍の両親のもと北関東で生まれ育ったバイセクシュアルないしパンセクシュアルのシス男性であるAさんの生活史に着目した。

その結果、多様な人々がその人自身が有する文化的あるいは個人の強みを仕事として発揮できる新宿二丁目のような都市空間が浮かび上がれば浮かび上がるほど、一般的に日本で暮らす外国籍の人々がおかれた対照的な状況が際立った。一般的に日本で暮らす外国籍の人々が働くことをめぐる日本の労働政策は、構造的な問題点を抱えおりその悪影響は日常生活のあらゆる場面で不協和を及ぼしてきた。Aさんにとって新宿二丁目が安全な街であるのとは対照的に、故郷で小さい頃から感じてきたことは「日本（人）が怖い」であった。Aさんは、幼少期は「外国人」として見えることでいじめを受けていたが、成長するにつれ、逆に、卓越・差異化された強みをもつ存在とみなされ、リーダーシップを発揮するに至った。また、Aさんが独学で身につけた音楽、そして音楽を通して稼ぐ知識や技術も、地域を超えSNSを通して同じ関心やより高いスキルをもつ人たちとのネットワークを築くきっかけとなった。

新宿二丁目で働くようになってからは、音楽を通した人間関係を形成するだけでなく、外国籍を有する人への出入国管理及び難民認定に係る法的問題や、日常生活のミクロな次元から制度的でマクロに影響が及ぶあらゆる位相に降りかかる差別・偏見など、日本社会における様々な問題や現象にも目を向けてきた。こうした新宿二丁目での経験を背景に、外国籍を有する人々が直面する日本社会の状況を変え、問題を解決しようとする勇気をもち、行動に移すことのできるリーダーシップを発揮する可能性も見いだせた。

一方、第一章のように、ポピュラー・カルチャーの中にフェミニズムが持ち込まれる中で、ラディカルな抵抗運動から、個人的でより穏健な脱政治化したものへと変わる過程は、ＬＧＢＴＱ＋の運動においても、類似性がみられる。グローバリゼーションに伴い「新宿二丁目」に、一九九〇年代に登場したオープン・カフェやバーのオーナーは、異性愛者の男性であることが多い。Aさんは、ＳＮＳをきっかけに運動とつながり、現在も運動を続けているが、グローバル資本や新自由主義の出現によって、ＬＧＢＴＱ＋の運動が体制迎合的に、穏健に脱政治化されたという指摘もある（Duggan 2004）。

第七章、第八章では、労働領域から「生活」を極限まで排除し、脆弱な立場の人々に負担を強いる日本の社会政策の在り方に対する草の根のアンチテーゼであった。けれども、こうした労働者の団結や、脆弱な人々の尊厳を求める活動すらも、無化し、脱政治化する力がグローバル資本にはあり、絶えず緊張関係をはらみながら進んでいることに、目を配る必要がある。

以上の各章の知見を踏まえて、改めて、本書の問題関心に戻り、コロナ禍が顕在化させた「労働環境の不協和音」を、社会政策の両輪である「労働」および「生活」という切り口から、さらに論じていきたい。社会政策の研究者において、労働分野とは賃金、労働時間、失業、労使関係等の雇用にかかわる分野を指し、生活分野とは主に社会保障・社会福祉の分野を指している（石畑 二〇一四：二）。労働分野と生活分野は社会政策の両輪であり、お互いに関係を及ぼしあうものであるという前提に立ちながらまとめていく。

コロナ禍が顕在化させた「労働環境の不協和音」の第一は、「生活」領域が極限までそぎ落とされた「労働」領域の実態である。こうした「生活」領域が極限までそぎ落とされた「労働」の実態は、特に第一章から第四章にかけて描いてきた。

第三章で描かれたのは、ジェンダーに関係なく、肉体的にギリギリまで働く極限形態、すなわち、労働力の再生産すらもままならない状態だった。第五章・第六章で描いてきた次世代の再生産はおろか、自分自身のケアすらも困難に陥れる労働の実態といえる。

第四章では、社会政策の萌芽期から、男性は、男性だからこそ労働できる身体でないといけないという規範が形成されてきたことが明らかになった。これは肉体的にギリギリまで働けない男性は、女性以上に生きづらいという男性の選択肢のなさを意味している。

第二に、「労働」領域に妊娠・出産・子育て・介護といった「生活」領域の労働が加わると、「労働」も「生活」も立ち行かない政策設計である。コロナ禍は「生活」領域に「労働」が侵入してきて、否応なしに、これを多くの人々がこの政策設計の欠点を経験することとなった。こうした実態を示したのが、第五章である。カフェやゲストハウスの運営といった観光業は、移住者の職業として選択されがちであるが、移住・起業と、妊娠・出産・子育てが重なると幾重もの労働をやりくりすることとなり、女性に負担が偏り、「余暇」がなくなることが明らかとなった。

第三に、女性に偏ったケア労働である。第四章で示したように、社会政策は、その萌芽期から、肉体的に極限状態まで働く男性のケアを女性が担うことが想定されてきた。こうした女性に偏ったケア労働は、例えば、第五章で描いたように、女性たちを幾重もの絶え間ない労働に駆り出す。同時に、家族形態の変化や非正規化によって、「男性稼ぎ主」の基盤が崩れた現代においては、第六章で描いたように、ケア労働者が「生活できる賃金」(藤原 二〇一七)を得ることすら難しい状況を生み出している。一方、第七章の社会的養護の施設長A氏のように、制度を適切に用い、職員が社会問題を集団的に解決することを主導する実践によって、社会政策の不備を切り返そうとする現場の格闘も存在する。こうした現場の実践に学びながら、社会政策を組み替えていくことも必要だろう。

第四に、脆弱な立場で働く人々である。コロナ禍に影響を受けたのは、脆弱な立場で働く人々である。具体的には、第八章で描かれたような自営業で日本の社会保障の外に置かれる人々が真っ先に「労働環境の不協和音」の影響を受けるのである。第八章のA氏は、SNSで生まれたつながりによって、自らの社会政策からの構造的な排除に抗い、音楽で生計を立てて、尊厳を取り戻してきた。同時に、外国にルーツをもつ人々の権利を求める運動にもちからを注ぐ。けれども、A氏のように、SNSを用いて主体的に仲間とつながり、抵抗するまでの活力すらも削ぐのが、巨大資本の力である。

資本は放っておけば、人々の労働力を食い尽くす。こうした資本から労働力を再生産し、世代間を再生産するために、社会政策の役割があるものの、日本では十分に機能しているとは言い難い。その証拠に、コロナ禍における困難は、真っ先に脆弱な人々に襲いかかってきた。

これらの特徴がコロナ禍の日本社会で大きく出現したのは、日本の社会政策が影響しているからである。武川正吾（一九八五）は、社会政策には、定まった定義はないものの、社会政策で扱う必要のある社会事象が拡大しているにもかかわらず、日本においては労働政策のみが社会政策とみなされていると批判した。そこで、武川は、人間にとって必要であるかという観点をもって、社会政策の領域を拡張していかなければいけないと主張した。そして、イギリスのように、社会保障、保健・医療、対人社会サービス、教育、住宅政策などの領域も、日本の実態に即しながら社会政策の議論の射程に収めていく必要性を提示した。

武川（一九八五）が指摘したような社会政策研究の射程の狭さは、日本社会の影響も大きいだろう。日本では、企業が福祉を担ってきた側面が強い（渡辺 二〇〇四ほか）。けれども、バブル経済崩壊以降、三十年以上にわたり低成長を続ける日本経済と、「生活できる賃金」（藤原 二〇一七）をもらうことも脅かされている状況を踏まえると、社会政策の枠を広く捉え、武川（一九八五）の提起したように、人間にとっての必要性をすくい上げて、社会政策を議論していく必要があるだろう。武川正吾（一九八五）の提起以降、社会政策の射程は広がり、例えば、福祉政策と文化政策や住宅政策、教育政策といった各隣接領域が近接化し、それぞれの領域での研究は深化してきた（上村・金・米澤 二〇二一）。だが、序章で指摘したように、社会政策を正面から議論する研究も減ってきたといえる。

本書を編み出す上で大事にしてきたのが、各分野で深化した議論を統合し、社会政策を議論していくことである。社会政策を専門にする研究者はもちろん、文学、都市社会学、社会福祉学、ジェンダー研究、生活史研究といった社会政策につながる研究をする異分野の研究者と議論を深めていくことによって、再度、社会政策の全体像を捉えようと試みることを大事にした。

特に、ジェンダーの視点を、脆弱性をもつ人々にまで広げ、複数の属性や要因が交差する中での問題に目を向けてきた（特に第八章）。さらに第一章では、ポピュラー・カルチャーの表象と社会政策の関連性にも着目し、ポピュラー・カルチャーに表出するような大衆に支持される規範の分析を通じて、賃労働とケア労働の問題を考察してきた。

第二章から第四章と第六章においては、歴史的事例を踏まえて、日本に焦点化して議論を進めたことによって、「生活」が極限まで切り詰められた「労働」領域という日本社会の特徴をあぶり出すことにもつながった。

こうした「生活」が極限まで切り詰められた「労働」領域の特徴は、以前から議論されてきたものである。けれども、本書によって明らかになったのは、どの時代を切り出しても、この特徴が変わらず、強固に存在することである。この「生活が極限まで切り詰められた労働」という構造的要因があるからこそ、日本社会はコロナ禍において、他国より深刻化して問題が出現したといえる。

一方、本書においては、ＩＬＯといった国際機関のグローバル政策が日本に与える影響や、他国との相違を論じることはできなかった。社会政策研究の国際的な動向では、欧米から出発した社会政策論を、他の諸国の多様性も含みながら、位置づけようとする潮流もある（Béland and Mahon 2016=2023）。本書であぶり出した日本社会の特徴を社会政策論に位置づけて行くには、既存の福祉国家論や、他国の政策とのさらなる比較が必要である。本書の議論をともに、さらに、グローバルな動向を取り入れた新たな共同研究が生まれることを願っている。

〈文献〉


石畑良太郎・牧野富夫（二〇一四）『よくわかる社会政策［第二版］――雇用と社会保障』ミネルヴァ書房。

上村泰裕・金成垣・米澤旦編（二〇二一）『福祉社会学のフロンティア――福祉国家・社会政策・ケアをめぐる想像力』ミネルヴァ書房。

武川正吾（一九八五）「労働経済から社会政策へ――社会政策論の再生のために」社会保障研究所編『福祉政策の基本問題』東京大学出版。

藤原千沙（二〇一七）「生活できる賃金をめぐる研究史――労働時間と社会保障の視点から」『社会政策』九（二）：二三―三五。

渡辺治編（二〇〇四）『変貌する〈企業社会〉日本』旬報社。

Béland, Daniel and Mahon, Rianne.（2016）*Advanced Introduction to Social Policy,* Cheltenham: Edward Elgar Publishing Ltd（D・ベラン／R・マホン『社会政策の考え方――現代世界の見取図』上村泰裕訳、有斐閣、二〇二三年）.

Duggan, Lisa.（2004）*The Twilight of Eauality ? : Neoliberalism, Cultural Pokitics, and the Attack on Democracy,* Boston: Beacon Press.

（跡部千慧・鈴木　力）

あとがき

本書のプロジェクトの前身となる研究会の成り立ちを次のように聞いている。

ある年の三月のことである。世間は突然始まった学校の全国一斉臨時休業への対応に慌てていた。一方、新型ウイルスによる感染者がいまだゼロだった浜松市内には、「死に至る病」の世界的流行の深刻さとはほど遠い空気が流れていて、お昼時になると、食事の準備に疲れた家族連れが、静岡県のハンバーグレストラン「さわやか」にあふれていた。その一角で、跡部の声掛けで集まった清水、新川は、〝浜松らしい〟ランチを堪能していた。大学院生時代、分野やゼミは異なりながらも、同じ「院生研究室」を利用していた三人が、たまたま東海地方の大学に就職したのをきっかけに、再会したのである。

「初職は見つけたものの、大学院生のときのように、研究に没頭できない……」そんな共通の悩みを共有した三人は、その後、静岡大学浜松キャンパスの研究室において、新しい研究プロジェクトを立ち上げた。跡部・清水・新川の研究の共通点は労働、生活、生存であり、それは、新型ウイルスによる「死に至る病」の世界的な流行が起こる今、見直す必要性を感じる古くて新しいテーマであった。生存と労働は繋がっていく、生きることと働くことは切り離せないはずであるという問題意識は、おそらく我々が生きてきた数十年間のうち、ちょうどその時に最も認識させられるものだったのである。

そう、この「さわやか」での三人の再会は、二〇二〇年三月の出来事である。三人の目の前に広がっていたのは、それまで家族それぞれがその時過ごす場所で各自ご飯を食べていたという状況が変わり、台所を守っている誰かが疲弊してしまった結果でもあった。

その後、この三人が立ち上げた研究プロジェクトに、五十嵐、岡、大島、鈴木と、私・堀川が加わって、我々は、オンラインで研究会を続けてきた。ポストコロナ時代を意識して研究を進めたが、我々の想いとは裏腹に、なかなかポストコロナは訪れず、初めて対面で研究会を行えたのは二〇二三年の夏のことだった。本書の刊行のための打ち合わせであり、編集者である山本博子さん同席のもと、全員の名刺交換から始まった研究会は心から楽しく、また、食事を囲むという数年前までは当たり前だった研究者間の交流も久しぶりに再開した。「本物」に会えることがこんなにも素晴らしいことであることを知ったのである。

それまでの四年近くの間、新型コロナウイルス感染症対策はステイホームを促し、大学教育も大きく変容した。大学教員にとってはより一層、生活と仕事の時間帯の区切りがどこにあるのか分かりづらくなる問題に直面しつつも、我々は、定期的にオンラインでの研究会を持った。それぞれが積読（つんどく）にしてため込んでいた図書を読むための積読読書会を二カ月に一度ほど開催した。また、長期休みの際には三日ほどの期間をオンライン合宿としてお互いがZoomで繋がり、自分の研究報告をしたり、お互いの困りごとを話したりもした。

若手の大学教員は、学生のための授業準備にかける時間すらなかなか確保できず、日々の授業や実習への対応や、委員会等の大学行政の仕事に追われている。そのため、研究職を研究職たらしめるための研究をする時間など、まず通常授業期間の平日には作ることができない。すると研究は休日に行うことになるが、では我々大学教員が休む時間はいったいいつ巡ってくるのか、といった気持ちになるのである。そのような現実を目の当たりにはしながらも、何とかして自分たちが研究職であることを認識できる時間を、我々の心身を守るために作ったのである。

定期的にオンラインの研究会を持つ中で、積み重ねた議論を一度まとめて社会に問うてみたいという想いが沸いた。そうして本書の刊行に至るのである。二年近くをかけて、構想を練り、執筆要項を作成し、そしてそれぞれの担当章について議論を重ねてきた。専門とする学問がそれぞれに異なる我々は、お互いに考えや知識を共有しあうことで、労働と生活というテーマの普遍性にも気がついた。そして、執筆メンバーである岡のある日の夢に出てきた恩師からのお告げで、本書のタイトルには「労働環境の不協和音」を入れることにした。

本書の刊行にあたり、我々が最も大切にしたいと思ったことは、これから社会人となって自分で生活を切り拓いていく時期にある若者に、この本を手に取ってもらうことである。本書のタイトルに表した通り、これから労働者となる新しい世代の生活にも不協和音があふれている。生きるために働いているはずが、日々の生活やいのちが労働によって脅かされる実情がある。そんな時、耳を澄ませて不協和音を聴けば、不協和音が我々に問いかけてくる。国家の社会政策は追い付いていない現状のなかでも、まずは、反響する不協和音のなかを生き抜きたい。そしてその先にある夜明けのために、自分自身で労働生活を変えていく力を持ちたい。労働環境の不協和音を越えて、いつか超克の時が訪れるまで。

我々が重要視したのは、日々接する大学生くらいの年代の若者が、日本社会の現状を少しでも早く知り、自分たちの労働と生活を守るための知識を付け、実際に行動できるように育てることである。そのため、本書は研究書であることには変わりないが、執筆にあたっては学部生でも、二、三度繰り返し読めば、自力で理解ができる表現にすることを心がけた。そこで、草稿段階で一度、各章の著者の勤務校等の学生や卒業生に読み通してもらい、フィードバックをもらってから完成させた。学生たちは、とても意欲的に熱心に草稿を読んで、思い思いにコメントをしてくれた。それは、本書の刊行にとって心から有難いことであった。ご協力いただいたみなさんに改めて御礼申し上げる（所属大学、お名前は五十音順）。伊藤颯一郎さん、後藤萌夏美さん、高田萌々さん、中島沙耶乃さん（以上、岐阜大学）、浅野琴音さん、大田航也さん、垣内桃子さん、柿沼康子さん、栗原愛実さん、澤田茉歩さん、住瑠菜さん、瀧川佑月希さん、田中めいさん、辻口葵さん、辻本晴香さん、二村唯さん、牧杏奈さん、松長陽菜さん、松本実久さん、望月真白さん、矢野菜々美さん（以上、埼玉県立大学）、池田周成さん、久米倫太朗さん、佐田菜月さん、橋村大輝さん、長谷川翔鳳さん、和田二葉さん（以上、東京都立大学）、関拡輝さん、豊永裕也さん、吉田翔さん（以上、新潟国際情報大学）、社会調査実習履修の皆さん（明治大学）、甲斐七海さん、川野雅貴さん、田中天晟さん、椿山百花さん、鳥居義信さん、廣川幸子さん、森谷亮太さん、吉田葵さん（以上、立教大学）、青島弓子さん、杉岡新さん。以上のみなさんに、改めて深く感謝の意を表したい。そして、みなさんが労働環境の不協和音を越えていくことを願う。

本書の全体を通して、我々の浅学のために、研究者のたくさんの先輩方にお叱りを受けることも多くあるだろうと予測している。でも、まずは一度、このような意図で刊行した書籍として、本書を御目通しいただければ幸甚である。そして、差し支えなければ是非ご指摘を頂けたら我々にとってこれ以上の有難いことはない。諸先輩方からご指導を頂ける機会に恵まれることを願う。我々は、これからも研究者として学び続けたいと思う。そのこと自体が、我々が育てる学生たちにとって、最も有効な教材になることを祈る。

最後に、本書の刊行にあたり、社会問題を扱う書籍だからこそ、たくさんの人に読まれなければその社会問題は解決することはない、ということを熱意をもってお教えくださり、また、我々執筆者の様々な勝手やわがままにご対応いただき、最後まで導いてくださった編集者の山本博子さんに心より御礼申し上げる。また、本書はJSPS科研費（若手研究）21K13451（女性労働者のリプロダクティブ・ヘルス／ライツに関する研究：生理休暇に焦点を当てて）の助成を受けたものである。

二〇二四年七月

堀川祐里

〈ナ　行〉

〈ハ　行〉

〈マ　行〉

〈ヤ　行〉

〈ラ・ワ行〉

〈タ　行〉

索　　引

久保優翔（くぼ　ゆうと）［第八章］
明治大学情報コミュニケーション学部四年
2003年，東京生まれ。同大にて文化人類学・社会学的調査法を学ぶ傍ら，東京を拠点に選曲家としての活動を開始する。単一分野では収まらない好奇心は枠を超え，現在はクィア同人雑誌の製作も手がけている。

清水友理子（しみず　ゆりこ）［第五章］
浜松学院大学現代コミュニケーション学部地域共創学科
一橋大大学院社会学研究科地球社会研究専攻博士後期課程単位取得退学。修士（ジャーナリズム）
専門：観光と労働の社会学。伝統工芸品を制作する職人の労働を対象として，主に観光産業とのつながりに着目しながら，地域文化とそれに関わる人たちの関係について研究している。
主要業績：『ゆさぶるカルチュラル・スタディーズ』（共著，2024年，北樹出版），「農業と女性：JA による婚活支援と都市から結婚移住する女性たち（特集 女たちの戦前責任を考える）」（『女たちの21世紀』93号，2018年）

跡部千慧（あとべ　ちさと）［第五・六・七章，終章］
東京都立大学人文社会学部
一橋大学大学院社会学研究科総合社会科学専攻博士後期課程修了。博士（社会学）
専門：労働と家族の社会学，ジェンダー研究。戦後日本の労働と家族史を「主婦化」と異なる雇用慣行を築いてきた小中学校教員を対象に，教職員組合の運動に着目しながら，研究している。
主要業績：『戦後女性教員史』（2020年，六花出版），『しずおかの女たち 第十集』（共著，2019年，羽衣出版）

岡　桃子（おか　ももこ）［第七章］
埼玉県立大学保健医療福祉学部社会福祉子ども学科
立教大学大学院コミュニティ福祉学研究科人間関係学専攻臨床心理学コース修士課程修了。修士（人間関係学）
専門：子ども家庭福祉（子育て支援，子ども・若者支援，児童虐待予防とソーシャルサポートネットワーク等）である。都内の子ども家庭支援センターにおいて，子ども家庭支援ワーカー専門相談員として，子育て支援および児童虐待防止の実践を積んだ。最近では，家庭訪問型子育て支援，社会的養護を経験した青年の当事者活動，映画事業を通しての地域福祉活動，各自治体の子ども家庭福祉分野の委員等にも携わっている（社会福祉士，公認心理師）。
主要業績：『コミュニティ・アプローチの実践――連携と協働とアドラー心理学』（共著，2016年，遠見書房）

大島　岳（おおしま　がく）［第八章］
明治大学情報コミュニケーション学部
一橋大学大学院社会学研究科総合社会科学専攻博士後期課程修了。博士（社会学）
専門：ライフヒストリー／オーラルヒストリー研究。長年新宿二丁目でのフィールドワークから，HIV 陽性者を取り巻く／が働きかける・つながる社会や歴史を研究している。
主要業績：『HIV とともに生きる――傷つきとレジリエンスのライフヒストリー研究』（2023年，青弓社），“Societal Envisioning of Biographical AIDS Activism among Gay People Living with HIV in Japan,” *Historical Social Research*, 48(4)（2023年）

《著者紹介》（執筆順，＊は編著者）

＊堀 川 祐 里（ほりかわ　ゆうり）［はしがき，序章，第二章，あとがき］

新潟国際情報大学国際学部

中央大学大学院経済学研究科経済学専攻博士課程後期課程修了。博士（経済学）

専門：社会政策とジェンダー史。「生理休暇」を中心として，女性労働者のリプロダクティブ・ヘルス／ライツに関する課題を歴史的な視点から分析し，ジェンダー平等にディーセント・ワークが達成されるための研究を続けている。

主要業績：『戦時期日本の働く女たち――ジェンダー平等な労働環境を目指して』（2022年，晃洋書房），『ジェンダー・暴力・権力――水平関係から水平・垂直関係へ』（共著，2020年，晃洋書房）

五 十 嵐 舞（いがらし　まい）［第一章］

新潟県立大学国際地域学部

一橋大学大学院社会学研究科総合社会科学専攻博士後期課程修了。博士（社会学）

専門：フェミニズム・クィア理論，アメリカ文学。ジュディス・バトラーの思想やトニ・モリスンの文学を中心に，現代のフェミニズムの連帯に関する理論や表象を通じた実践を研究している。

主要業績：「生の序列化に抗う――トニ・モリスン『神よ，あの子を守りたまえ』における9/11後の消費文化と子どもの性的搾取」（『黒人研究』93号，2024年），「産まない女と女以外の妊娠する者のために――ジュディス・バトラーがリプロダクションについて語るとき」（『大原社会問題研究所雑誌』785号，2024年）

鈴 木　 力（すずき　ちから）［第三章，終章］

岐阜大学地域科学部

一橋大学大学院経済学研究科経済理論・経済統計専攻博士後期課程修了。博士（経済学）

専門：労使関係論・労働組合論。産業別労働組合を対象として，産業構造と労使関係について歴史分析を行い，労働組合組織の成立過程やその機能の研究をしている。

主要業績：「高度成長期における港湾産業の産業別交渉制度の成立要因」（『大原社会問題研究所雑誌』736号，2020年），「本四架橋争議における全日本海員組合の獲得内容とその特徴」（『港湾経済研究』61号，2023年）

新 川 綾 子（しんかわ　りょうこ）［第四章］

日本福祉大学福祉経営学部

一橋大学大学院社会学研究科総合社会科学専攻歴史社会文化研究分野単位取得退学。修士（文学）

専門：日本近現代史。近現代日本における工場内災害や業務上疾病によって身体を損傷した労働者や，産業衛生の専門家集団である工場医・工場監督官等の存在形態に着目しながら，労働と健康に関する研究を続けている。

主要業績：「戦間期から戦時期の工場医と「健康管理」――鐘紡工場医会を中心に」（『大原社会問題研究所雑誌』772号，2023年），「大戦間期における「職業病」研究の展開――工場監督官及び工場医に着目して」（『社会政策』12巻２号，2020年）

労働環境の不協和音を生きる
——労働と生活のジェンダー分析——

2024年12月10日　初版第1刷発行　　＊定価はカバーに
2025年3月25日　初版第2刷発行　　表示してあります

編著者　堀　川　祐　里©
発行者　萩　原　淳　平
印刷者　江　戸　孝　典

発行所　株式会社　晃　洋　書　房
〒615-0026　京都市右京区西院北矢掛町7番地
電話　075(312)0788番(代)
振替口座　01040-6-32280

装丁　吉野　綾　　印刷・製本　共同印刷工業(株)
ISBN978-4-7710-3883-7